W0201421

LES BUCOLIQUES
LES GÉORGIQUES

Du même auteur
dans la même édition :

L'ÉNÉIDE

VIRGILE

LES BUCOLIQUES
LES GÉORGIQUES

Traduction, chronologie, introduction et notes
par
Maurice Rat
agrégé de l'Université

GF

FLAMMARION

PETITE CHRONOLOGIE VIRGILIENNE

70-69 av. J.-C. — *Dans l'une ou l'autre de ces deux années, dont la première est celle qui suit la mort de Spartacus*, naissance, à Andes, près de Mantoue, un 15 octobre sans doute, de Virgile (Publius Vergilius Maro).

65 av. J.-C. — *Naissance d'Horace.*

58 av. J.-C. — *Première année de la Guerre des Gaules;* premières études de Virgile à Crémone.

55 av. J.-C. (17 mars). — Virgile revêt la toge virile *le jour même, a-t-on dit, de la mort du poète Lucrèce*, puis va poursuivre ses études à Milan, puis à Rome.

50 av. J.-C. — *César, vainqueur des Gaules, passe le Rubicon.*

49-46 av. J.-C. — *Guerre civile entre César et Pompée, marquée par les victoires du premier et la mort du second (septembre* 48).

45 av. J.-C. — *Victoire de César, dictateur pour dix ans, à Munda.*

44 av. J.-C. (15 mars). — *Assassinat de César.*

43 av. J.-C. — *Triumvirat d'Octave, héritier de César, d'Antoine et de Lépide; proscriptions (novembre), mort de Cicéron et construction du temple de César.*

37 av. J.-C. — *Abdication de Lépide et partage de l'empire entre Octave (l'Occident) et Antoine (l'Orient).* Virgile, qui vient de publier *les Bucoliques*, apparaît aux côtés d'Horace, parmi les amis qui accompagnent Mécène dans son voyage à Brindes.

31 av. J.-C. (2 septembre.) — *Victoire d'Octave sur Antoine à Actium.*

30 av. J.-C. — *Octave, à Brindes, partage entre ses vétérans les territoires des cités qui ont pris parti pour Antoine, lequel se donne la mort ainsi que Cléopâtre.*
Virgile, peu après Actium, compose *les Géorgiques*, qui seront dédiées à Mécène.

28 av. J.-C. — *Octave, consul pour la sixième fois, établit le recensement de la population et procède à l'épuration du Sénat.*
Virgile publie *les Géorgiques.*

27 av. J.-C. (16 janvier). — *Un ami de Virgile, Cornélius Gallus, accusé de prévarications et de lèse-majesté, se donne la mort.*
Environ cette date, Virgile, qui avait formé le projet de dresser à la gloire d'Auguste un temple impérissable, commence d'écrire *l'Enéide*, poème à la fois épique et national.
Le poète accomplit un voyage en Grèce, auquel son ami Horace fait allusion dans son *Ode au vaisseau de Virgile.*

23 av. J.-C. — *Mort de Marcellus, gendre d'Auguste, dont le nom est donné au Théâtre de César.*
Virgile fait magnifiquement allusion à cette mort au VIe chant de son *Enéide*. Auguste, au retour de son expédition contre les Cantabres, écoute la lecture par le poète des chants IV et VI; et Properce invite les écrivains latins et grecs à faire place à ce poète héroïque, grâce auquel allait naître « quelque chose de plus grand que *l'Iliade* ».

20 av. J.-C. — *Voyage d'Auguste en Orient* (Asie Mineure et Syrie).

19 av. J.-C. — Avant de mettre la dernière main à *l'Enéide*, Virgile, parti pour la Grèce et l'Asie Mineure, afin de voir les lieux où se passait une partie de son récit, tombe malade à Mégare, et s'alite à Athènes où, dit-on, Auguste, qui s'en revenait d'Orient, le persuade de rentrer avec lui en

Italie. Il y arrive pour mourir (21 septembre) peu de temps après avoir abordé à Brindes.

8 av. J.-C. — *Mort de Mécène.*

14 ap. J.-C. — *Mort et apothéose d'Auguste; avènement de Tibère.*

INTRODUCTION

L'immortalité de Virgile repose sur les trois chefs-d'œuvre qu'il a écrits, *les Bucoliques*, *les Géorgiques* et *l'Enéide*, et non moins peut-être sur un vers sibyllin de la quatrième églogue :

Magnus ab integro saeclorum nascitur ordo.

« Voici que recommence le grand ordre des siècles », où l'on a voulu voir l'annonce de l'ère chrétienne et qui est cause que Dante, croyant Virgile prophète, l'ait pris pour guide dans l'autre monde jusqu'au seuil du paradis même, et que Victor Hugo ait écrit :

Dieu voulait qu'avant tout, rayon du Fils de l'Homme,
L'aube de Bethléem blanchît le front de Rome.

Or les doctrines étrusques, dont s'inspiraient les livres sibyllins, enseignant que la vie du monde décrit un cercle ou une révolution accomplie en dix âges ou « siècles », au bout desquels commence un nouvel « ordre », Virgile ici annonçait le retour d'un nouvel âge d'or, nouveau siècle de Saturne, et le vers en question n'est au fond qu'un trait hyperbolique à l'égard de Pollion, protecteur du poète. Mais qu'importe ce faux sens, s'il n'a pu qu'accroître la gloire d'un écrivain amplement justifiée par ses œuvres, d'un auteur, qui a tant mis de lui-même, âme et art, dans ses hauts poèmes et dont on pénétrera mieux le génie si l'on connaît sa vie et l'homme qu'il a été.

I. — VIE DE VIRGILE

SON ENFANCE, SA JEUNESSE

La vie de Virgile est connue par d'anciens textes d'inégale valeur, dont le plus important de beaucoup est la longue notice placée en tête du commentaire de Donat, et qui est, selon toute apparence, de Suétone. On trouve encore des renseignements sur Virgile dans les notices sommaires placées en tête des commentaires de Valérius Probus et de Servius, dans la *Vie* en vers, inachevée, du grammairien Phocas, dans une note des manuscrits de Berne 167 et 172, et enfin quelques témoignages dans différents auteurs latins.

Il ressort de ces divers renseignements et témoignages que le poète que nous nommons Virgile, et qui s'appelait en réalité Publius Vergilius Maro, naquit soit le 15 octobre de l'année 70 av. J.-C., sous le premier consulat de Crassus et de Pompée, soit le 15 octobre de l'année 71*, dans la petite ville d'Andes (aujourd'hui Pietola ?) à trois milles de Mantoue. Il appartenait donc par sa naissance à la Gaule cisalpine, pays dont les écrivains se sont toujours signalés par des qualités d'élégance et de mesure. De son nom de famille *Vergilius* et de son surnom *Maro* on ne peut rien inférer de bien probant sur ses origines : on trouve des *Vergilii* en Etrurie, mais aussi dans des pays que colonisèrent les Etrusques : Campanie et Gaule cisalpine; quant au surnom de *Maro*, il est le titre officiel de certains magistrats étrusques. Peut-on voir dans un atavisme étrusque le goût qu'aura le poète pour les mystères de l'au-delà ? Ce n'est qu'une conjecture.

Il était le fils, selon les uns d'un ouvrier potier, selon Suétone du fermier ou régisseur d'un certain Magius, de Crémone, lui-même appariteur d'un magistrat de Mantoue, qui lui donna sa fille en mariage. Par sa mère du moins, Virgile appartiendrait donc à une bonne

* Cf. l'ingénieux article de M. Carcopino, dans la *Revue des Etudes Latines*, 1931, t. I.

bourgeoisie provinciale, comme leur appartenaient les *Magii* de Crémone. Cette Magia, dont le nom est cause peut-être que la légende médiévale fera du poète un mage et un sorcier, eut du père de Virgile deux autres fils, Silon et Flaccus, qui moururent prématurément, et l'on assure qu'elle eut un tel chagrin à la mort de son fils Flaccus qu'elle ne put lui survivre.

Les premières années du poète s'écoulèrent dans la maison de cette mère sensible et de ce père campagnard, située dans la plaine bordée de petites collines, où serpentent les eaux vertes du Mincio : paysage doux, monotone, non dénué de mélancolie, sous un ciel fréquemment voilé, et qui s'accordait bien, semble-t-il, au caractère rêveur et triste de Virgile.

A l'âge de douze ans, l'enfant alla faire ses premières études à Crémone; à quinze ou seize ans, le 17 mars 55, il revêtit la toge virile — plusieurs mois avant l'âge habituellement fixé pour cette cérémonie et le jour même de la mort de Lucrèce — et il alla étudier à Milan, puis à Rome. Il n'est nullement prouvé qu'il fut, dans cette dernière ville, l'élève du rhéteur Epidius, maître d'Antoine et d'Octave, ni le disciple du grammairien-poète Parthénius, mais il suivit certainement les leçons d'un professeur du même genre, qui l'initia, comme c'était alors l'usage, aux chefs-d'œuvre de la littérature grecque et alexandrine, et il écouta sans doute le philosophe épicurien Siron, qui, à en croire Cicéron, était un homme excellent et de vaste savoir. C'est probablement l'enseignement de Siron qui inspira au futur poète de la sixième Bucolique sa doctrine atomistique de la formation du monde, et c'est sans doute l'enseignement de son professeur de rhétorique qui lui fit prendre un goût si vif pour l'alexandrinisme.

Le jeune Publius s'essaya-t-il d'abord au barreau, et s'en détourna-t-il après un début malheureux, comme le disent certains biographes, c'est possible, ce n'est pas certain. Il ne faut pas croire, en tout cas, comme l'affirme Chateaubriand, par suite d'un contresens sur un passage de Suétone, que Virgile eût un défaut de prononciation; il avait au contraire une voix d'un joli timbre, disait fort bien les vers, mais il était extrêmement timide et n'avait pas les dons de l'improvisateur. Au reste, si beaucoup de condisciples de Virgile se destinaient au barreau, il était tout naturel que le futur poète eût peu d'inclination pour les exercices du Forum, et ce qu'on doit retenir, c'est que, studieux de nature et curieux de savoir, il avait une culture générale très solide et très précise, embrassant les lettres, la philosophie, l'histoire, les mathématiques, les sciences naturelles et la médecine, ce qui permit à Macrobe, commentant un passage des *Géorgiques* sur l'astronomie, de constater très justement que « Virgile en matière de science ne commettait jamais une erreur ».

On peut croire, non sans vraisemblance, que, pendant les sept ou huit ans qu'il étudia à Rome, il revint souvent sur les bords du Mincio, où la maison paternelle lui offrait, dans un cadre familier, son familial spectacle et un refuge.

Ayant trop peu d'argent pour se consumer comme Catulle dans une vie de dissipations et de plaisirs, de santé d'ailleurs délicate (il avait souvent des crachements de sang et des maux de tête), gauche d'allures et resté un peu campagnard, il trouvait sans doute dans les « vacances » passées au pays natal un réenracinement salutaire et réconfortant.

Partageant donc sa vie entre la maison d'Andes et les cercles de Rome, épris de la nature et des beaux vers, il se liait avec les jeunes écrivains de son époque. Au premier rang, parmi ses amis de jeunesse, il faut citer : Æmilius Macer, auteur de trois poèmes scientifiques et alexandrins, qui ne nous sont pas parvenus, mais que Quintilien juge écrits dans un style terre à terre *(humilis)* ; Plotius Tucca et Varius Rufus, chargés tous deux par Auguste d'assurer la publication posthume de *l'Enéide*, le premier qui nous est fort peu connu, le second, auteur de tragédies et d'épopées renommées, dont l'une, *Thyeste*, pouvait être avantageusement comparée, dit Quintilien, à n'importe quelle tragédie grecque, et qu'Horace loue pour son accent épique; mais surtout, il convient de citer, parmi ses grands amis, Asinius Pollion et Cornélius Gallus*. Gallus, originaire de la même contrée que Virgile (il était du Frioul), et du même âge que lui, auteur d'élégies célèbres sur sa maîtresse Lycoris, qui n'était autre que la comédienne Cythéris, eut une carrière politique rapide, et qui devait mal finir, puisque, gouverneur de la province d'Egypte, il fut condamné pour concussions par le Sénat et obligé de se tuer. Pollion, lieutenant de César et d'Antoine, et par surcroît orateur, historien, poète, — faisant, dit Virgile, « des vers d'un goût nouveau », — fut le meilleur ami sans doute de celui-ci.

C'est Pollion, ami d'Antoine, qui négocia avec Mécène, ami d'Octave, la paix de Brindes, — paix incertaine, précaire, simple trêve dans la guerre civile. Et c'est le même Pollion, à en croire Servius, qui, à la même époque, c'est-à-dire vers 42 av. J.-C., engagea Virgile à écrire *les Bucoliques*.

II. — LES BUCOLIQUES

Aucun Romain encore ne s'était exercé dans le genre bucolique. Aucun genre ne pouvait mieux convenir aux goûts champêtres de Virgile, mieux répondre à sa prédilection pour les bergers. Et c'est pourquoi, sans doute, sur les traces de Théocrite, le poète de Mantoue a composé une œuvre originale et belle.

Originale : car en imitant Théocrite, Virgile a procédé librement : Théocrite, dans ses églogues, est d'un réalisme à la fois bien court et bien cru ; Virgile est élégant, précieux et romanesque. Théocrite est toujours précis ; Virgile est souvent vague, et le cadre de ses paysages garde un air indéterminé. Théocrite est sec et un peu froid ; Virgile est tendre, humain, émouvant. Le premier a réuni des tableautins d'une poésie familière et brève ; le second a trouvé des accents consulaires et a su introduire en ses *Bucoliques* l'ombre et le grand mystère de la haute poésie.

* Voir les appendices I et III, pages 173 et 176.

Qu'après cela on vienne reprocher à Virgile (comme l'ont fait sans finesse la critique d'outre-Rhin et une certaine critique à la suite) de « copier » son modèle alexandrin, c'est imbécillité d'érudits qui n'ont jamais rien compris à l'art, et auxquels l'examen de ce qu'ils nomment les « sources » a fermé les yeux sur le reste, qui est l'essence de la poésie.

Œuvre belle, disons-nous encore : car, dès *les Bucoliques*, la forme de Virgile est parfaite, et sa virtuosité métrique un pur délice. Ce style d'une suavité incomparable, cette versification d'une rare souplesse, ne se ressentent peut-être de la jeunesse de l'auteur que par l'excès même de leur joliesse et de leur dextérité ingénieuse.

Il y a dans *les Bucoliques* assez de poésie, de sensibilité et de talent pour que, même s'il n'eût point écrit d'autres ouvrages, Virgile méritât d'être placé au premier rang des poètes latins.

C'est sans doute en pensant aux *Bucoliques*, autant qu'aux *Géorgiques*, qu'Horace a écrit que « les Muses amies des champs ont donné à Virgile le don des vers tendres et gracieux ».

Le succès de l'ouvrage fut d'ailleurs très grand, et durable, et un siècle plus tard, sous l'Empire, on chantait encore sur le théâtre des morceaux des *Bucoliques*.

Les Bucoliques revivent dans les *Eglogues* de Dante et de Pétrarque, dans les pastorales françaises, espagnoles, allemandes qui constituèrent un genre florissant de la Renaissance au début du XXe siècle. André Chénier s'en est inspiré avec ferveur. Chateaubriand cite l'auteur des *Bucoliques* et des *Géorgiques* avec complaisance. Hugo, qui le sait par cœur, a non seulement transposé plusieurs de ses vers avec bonheur, mais encore l'a salué comme un précurseur :

O Virgile, ô poète, ô mon maître divin; il le situe parmi les « mages » et les « prophètes » :

> Dans Virgile parfois, dieu tout près d'être un ange,
> Le vers porte à sa cime une lueur étrange...

Mieux encore, une idylle de *la Légende des Siècles*, composée le 20 janvier 1877, n'est qu'une variation, comme l'a très bien vu M. Pierre Brunel, sur les thèmes bucoliques du poète de Mantoue : nul emprunt proprement littéral, mais une évocation si gracieuse et si vivante de Virgile qu'elle vaut d'être citée ici tout entière :

Déesses, ouvrez-moi l'Hélicon maintenant.
O bergers, le hallier sauvage est surprenant;
On y distingue au loin de confuses descentes
D'hommes ailés, mêlés à des nymphes dansantes;
Des clartés en chantant passent, et je les suis.
Les bois me laissent faire et savent qui je suis.
O pasteurs, j'ai Mantoue et j'aurai Parthénope;
Comme le taureau-dieu pressé du pied d'Europe,
Mon vers, tout parfumé de roses et de lys,
A l'empreinte du frais talon d'Amaryllis;
Les filles aux yeux bleus courent dans mes églogues;
Bacchus avec ses lynx, Diane avec ses dogues,
Errent, sans déranger une branche, à travers
Mes poèmes, et Faune est dans mes antres verts.
Quel qu'il soit, et fût-il consul, fût-il édile,
Le passant ne pourra rencontrer mon idylle
Sans trouble, et, tout à coup, voyant devant ses pas
Une pomme rouler et fuir, ne saura pas
Si dans votre épaisseur sacrée elle est jetée,
Forêts, pour Atalante, ou bien pour Galatée.
Mes vers seront si purs qu'après les avoir lus
Lycoris ne pourra que sourire à Gallus.
La forêt où je chante est charmante et superbe;
Je veux qu'un divin songe y soit couché dans l'herbe,
Et que l'homme et la femme, ayant mon âme entre eux,
S'ils entrent dans l'églogue en sortent amoureux.

Sainte-Beuve écrit sur le poète qui l'avait attendri, enfant, une étude pénétrante. Leconte de Lisle, Heredia, Anatole France, Verlaine, Frédéric Plessis, Moréas, Maurras, Muselli lui doivent quelques-uns de leurs plus beaux vers. Les poètes s'essaient toujours, de Paul Valéry et de Xavier de Magallon à Marcel Pagnol, à traduire les hexamètres des *Bucoliques* en alexandrins et en vers libres.

Parallèlement, la conception que se faisait de la vie rustique et de « l'âge d'or » l'auteur des *Bucoliques* a inspiré un peintre tel que Watteau, les caprices de

Marie-Antoinette, bergère de Trianon, et, de nos jours, certains romans de Ferdinand Fabre et de M. Jean Giono. Une Arcadie éternelle est née des *Bucoliques*.

III. — LES GÉORGIQUES

Il n'est point étonnant, si l'on s'en rapporte à une tradition attestée par Probus et par Servius, que Mécène, devant la révélation d'un tel fait et devant le succès des *Bucoliques*, ait demandé à Virgile d'écrire *les Géorgiques*, pour aider Auguste à remettre les travaux des champs en honneur. Certain éditeur français de Virgile, induit en erreur chaque fois qu'il suit Heyse et les Allemands, conteste cette tradition et trouve que Mécène et Auguste eussent été vraiment bien naïfs de croire que des poèmes champêtres pussent convertir à l'agriculture les Romains qui s'en détournaient. En réalité, Mécène et Auguste étaient moins naïfs que Heyse et ses disciples. Ils savaient le pouvoir de la littérature sur les mœurs. Ils ont lutté ou essayé de lutter par elle contre l'abandon des campagnes, de même qu'ils avaient lutté (qu'on pense à certaines poésies d'Horace) contre la dépopulation, la crise du mariage, la corruption des mœurs. D'ailleurs, le témoignage de Virgile lui-même semble à cet égard irrécusable, et le *haud mollia jussa* du chant troisième des *Géorgiques*, mis en opposition avec *silvas saltusque*, confirme la tradition mécénique que rapportent les commentateurs.

Il est possible cependant, comme le conjecture bien finement M. Jacques Perret, qu'arrivé au milieu de son poème, et voulant chanter les exploits d'Octave, Virgile ait été pressé par Mécène d'achever d'abord son poème rustique : cette interprétation du *haud mollia jussa* est également plausible. Mais si *les Géorgiques* n'ont point été « commandées » à Virgile par Mécène, il est fort probable que l'idée du poème lui a été inspirée par le ministre d'Auguste, et il est certain que Virgile, plus que tout autre écrivain de l'époque, était désigné pour l'écrire.

Le soin qu'il a mis à en préparer la matière, l'abondance de ses sources*, sa documentation précise, savante et minutieuse, qui complète un trésor d'expérience personnelle, suffiraient à montrer l'ampleur de l'entreprise et le prix qu'il y attachait. Le soin apporté à la composition et à la forme n'est pas moindre : cet art d'embellir un sujet en mêlant à un traité d'agriculture, tantôt, à propos des abeilles, l'épisode d'Aristée, tantôt, à propos des vendanges, l'histoire des Dionysiaques; — cette variété dans les tableaux : ici, la description des travaux qu'on fait à la maison les jours de pluie; là, une peinture achevée des orages qui emportent dans un tourbillon les chaumes et les pailles; ailleurs le puissant tableau du combat des taureaux ou le portrait inoubliable du cheval de race; — cette couleur répandue sur le moindre détail, et à la fois si juste et si large qu'un vers ou un demi-vers suffit au poète pour peindre une rivière ou des nymphes, la silve sonore des chaumes ou les cygnes blancs des fleuves, et le Taygète où les vierges de Sparte mènent leur folle bacchanale; — ajoutons-y une souplesse de versification admirable, une harmonie des vers si parfaite qu'on souscrit presque au jugement de Montaigne qui considérait *les Géorgiques* comme « le plus accompli ouvrage » de la poésie latine, un ouvrage en tout cas auquel les *Odes* d'Horace peuvent, pour la perfection, être seules comparées.

Les Géorgiques, enfin, sont le poème de Virgile où il a mis, et pour notre volupté, le plus de lui-même. A côté du savant, du peintre, du styliste, du versificateur, il y a un poète lyrique, qui prête son âme aux choses et laisse libre cours à une sensibilité, à une humanité émouvantes. C'est à ce poète lyrique que la compassion pour les paysans ignares a inspiré *les Géorgiques;* c'est lui qui souffre des peines et des déceptions des laboureurs; ou qui trouve des accents d'une douceur inconnue pour peindre la joie du cultivateur qui rentre le soir chez lui et la sereine vieillesse du jardinier de

* Nous avons indiqué les principales dans les notes qui suivent notre traduction, à la fin du sommaire analytique de chaque livre.

Tarente. C'est lui qui, le premier, a décrit la tendresse des corbeaux pour leur nichée, le deuil du rossignol privé de ses petits, l'affliction du taureau qui a perdu son frère; lui qui, le premier encore, et sans vaine métaphysique, mais avec une fraîcheur et une ingénuité de sensations merveilleuses, a parlé des plantes mêmes comme de créatures vivantes et souffrantes.

Cette humanité universelle s'accompagne du plus haut sentiment national. Virgile, Mantouan et patriote, embrassant les idées d'Auguste et de Mécène, prône la restauration agricole, religieuse, césarienne. Il a des morceaux de la plus vigoureuse facture pour s'apitoyer sur les guerres civiles et le meurtre du divin Jules, pour chanter les victoires d'Octave, pour exalter les mœurs antiques des paysans latins, pour saluer avec une magnifique piété l'Italie, « grande mère des récoltes et grande mère des héros ».

On peut, dans le quatrième chant des *Géorgiques*, voir dans l'épisode du vieillard de Tarente (125-146) une palinodie de la première *Bucolique*, et l'enregistrement par Virgile du retour à l'ordre, à la paix et à l' « amnistie ». On peut, dans les troubles de l'essaimage des abeilles, voir une évocation des anciens troubles civils, et dans le combat des « rois » l'allégorie de la bataille d'Actium et d'Octave brillant d'or face au « paresseux » Antoine. On peut, dans l'épisode d'Aristée, relever l'analogie de ce bon pasteur à Octave. *Les Géorgiques* s'achèvent sur le prodige annonciateur de cette paix romaine, dont Virgile rend grâces à Octave-César. Et *les Géorgiques* ayant ce caractère patriotique et national, on est assez porté à croire un trait que nous rapporte Servius : selon le commentateur de Virgile, le quatrième chant des *Géorgiques* se terminait dans la première édition par un éloge de Gallus, gouverneur de l'Egypte. Quand celui-ci devint suspect à Auguste et fut amené à se tuer, le poète aurait remplacé ce premier épilogue par l'épisode d'Orphée, tel que nous le lisons dans les éditions actuelles et qu'il aurait paru pour la première fois dans la seconde édition.

IV. — PORTRAIT DE VIRGILE A L'ÉPOQUE DES « GÉORGIQUES »

Cette seconde édition des *Géorgiques* parut peu après la première, vers 29 : Virgile avait alors 40 ans environ. C'était, au dire de Donat, un homme assez grand, brun, d'aspect un peu fruste, de manières gauches, et qui avait une santé délicate, mangeant et buvant peu. Il faut sans doute voir un portrait de lui dans le paysan mal peigné et négligemment vêtu que décrit Horace en une satire*. Mais ce paysan avait une âme vive, ingénue, profonde, et le génie de la poésie. Il s'apprêtait à écrire *l'Enéide* et il avait déjà écrit un chef-d'œuvre, *les Géorgiques.*

V. — LA POSTÉRITÉ DES « GÉORGIQUES »

Ce chef-d'œuvre a toujours été lu, admiré, imité, traduit. A Rome, Columelle le cite constamment, le commente et, sur plusieurs points de détail, le complète. En France, Scaliger, dont la *Poétique* est de 1561, le qualifie tour à tour d'« ouvrage impeccable », d' « ouvrage achevé », d' « ouvrage parfait ». Au XVIIe siècle, Rapin publie ses quatre livres des *Jardins (Hortorum libri IV)*. Au XVIIIe, Vanière écrit un *Prædium rusticum* (1720); Segrais (1712), puis Delille (1769), le traduisent avec élégance; la même année que Delille publie sa traduction, Saint-Lambert donne son poème des *Saisons*, où il utilise l'épisode de Damon; Roucher écrit les *Mois* (1779) et, dans la prison d'où il devait être conduit à la guillotine, le 7 thermidor, il commence à traduire en vers des fragments du poème de Virgile. Au XIXe siècle, enfin, et au nôtre, les traductions abondent; Victor Hugo mêle souvent à ses vers des vers magnifiquement imités de Virgile; Francis Jammes écrit les *Géorgiques chrétiennes :* la gloire des *Géorgiques* est toujours neuve.

M. R.

* *Sat.*, I, III, 29 sq.

NOTE
SUR CETTE ÉDITION

Traduire un poète, surtout un poète aussi grand que Virgile, et l'un des plus merveilleux « versificateurs » de tous les temps, dans une prose étrangère, c'est toujours le trahir. Du moins avons-nous tâché que notre version française des *Bucoliques* et des *Géorgiques* fût fidèle et fût sûre, et de ces hexamètres rendît le sens, sinon l'art, — l'art d'un poète qui joue et module, et qui dispose des mots à l'intérieur du vers en tenant compte surtout de leur volume sonore et de la suite des syllabes latines. Comme l'a fort bien vu M. Jacques Perret, « on devine, hélas! ce qu'une telle poésie peut perdre dans la meilleure traduction », où le lecteur n'a plus devant lui qu'une prose qui n'est même pas rythmée... « Avec l'hexamètre, tout a disparu; c'est la méduse brillante et colorée naguère, qui n'est plus, tirée sur le sable, qu'un amas informe. »

Dans le même esprit de probe exactitude littérale, et contrairement à la plupart de ceux qui, avant nous, ont traduit le poète latin, nous avons scrupuleusement gardé leur diversité aux noms propres virgiliens, qu'il s'agisse de noms de peuples, de pays ou de lieux, ou du nom des dieux et des déesses.

Des notes justifiant notre traduction, nous nous permettons d'y renvoyer le lecteur, qui y trouvera, croyons-nous, les éclaircissements nécessaires. Mais, pour sa commodité, et afin qu'il ait une vue d'ensemble de la nomenclature de Virgile, nous croyons utile de donner ici une liste sommaire des principales appellations :

1. *Noms de peuples et de pays.* — Les Italiens sont nommés Italiens *(Itali)* ou Ausoniens *(Ausonii)*, leur pays la *terre de Saturne*. Aux noms de peuples correspondent des adjectifs, tels que pour étrusque : toscan *(tuscus)*, pour troyen : dardanien *(dardanius)*.

2. *Noms de dieux et de déesses :*

a) Certaines divinités reçoivent plusieurs noms, soit qu'il s'agisse en réalité de dieux et de déesses différents à l'origine et confondus plus tard, soit que le poète veuille insister sur une de leurs fonctions particulières. C'est ainsi que Jupiter est nommé le Père des Dieux (1 fois) et le Père (1 fois); que Bacchus est nommé tour à tour Bacchus (20 fois), « Père des Pressoirs », *Lenæus Pater* (2 fois), Iacchus (1 fois), Liber (3 fois), Lyée (1 fois); que le poète distingue Mars et Mavors; que le dieu des enfers est nommé, non pas Pluton, mais Dis; que Minerve reçoit les noms de Minerva (2 fois), de Pallas (2 fois); Diane ceux de Délia (2 fois), de Luna (2 fois).

b) Les dieux reçoivent aussi des noms toponymiques, rappelant les lieux où ils ont un temple ou un culte célèbre, ou dont ils sont originaires. C'est ainsi qu'Apollon est nommé le Thymbréen (1 fois) ou le Cynthien (1 fois); Pan, le Lycéen, etc.

c) Enfin les dieux reçoivent aussi un nom patronymique : Hercule, petit-fils d'Alcée, est appelé *Alcides*.

LES BUCOLIQUES

I

TITYRE

MÉLIBÉE, TITYRE

MÉLIBÉE

Tityre, couché sous le dôme d'un vaste hêtre, tu essaies un air sylvestre [1] sur ton léger pipeau [2]; et nous, nous quittons le sol de notre patrie [3] et nos doux champs; nous fuyons [4] notre patrie; toi, Tityre, étendu à l'ombre, tu apprends aux forêts à répéter le nom de la belle Amaryllis.

TITYRE

O Mélibée, un dieu [5] nous a fait ces loisirs; oui, il sera toujours un dieu pour moi; son autel, souvent un tendre agneau [6] de nos étables l'imprégnera de son sang. C'est lui qui a permis à mes vaches d'errer, comme tu vois, et à moi-même, de jouer ce que je voudrais sur l'agreste chalumeau.

MÉLIBÉE

Je ne t'envie pas d'ailleurs, je suis plutôt étonné : partout, dans toutes les campagnes, il règne un si grand trouble [7]! Tu me vois moi-même accablé avec mes petites chèvres que je pousse droit devant moi; en voici une, Tityre, que j'ai peine à conduire. Ici au milieu d'épais coudriers, elle vient de mettre bas et de laisser, hélas! sur la pierre nue, deux jumeaux, l'espoir du troupeau. Malheur souvent prédit, il m'en souvient (aveugle que j'étais!), par les chênes frappés du feu du ciel! Mais ce dieu dont tu parles, quel est-il, dis-le-nous, Tityre.

TITYRE

La ville qu'on appelle Rome, je croyais, Mélibée, dans ma stupidité, qu'elle était semblable à la nôtre [8], où nous avons coutume, nous autres bergers, de mener souvent les tendres petits de nos brebis. C'est ainsi que je voyais les petits chiens semblables aux chiennes, et les chevreaux à leurs mères; c'est ainsi que j'avais l'habitude de comparer les grands objets aux petits. Mais Rome élève autant la tête au-dessus des autres villes que les cyprès, d'ordinaire, parmi les viornes flexibles.

MÉLIBÉE

Et quel motif si puissant avais-tu de voir Rome ?

TITYRE

La Liberté [9], qui a fini bien tard par prêter garde à mon insouciance, lorsque déjà ma barbe tombait plus blanche sous la main qui me rasait! Oui, elle a fini par prêter garde à moi, et elle est venue après un temps bien long, depuis qu'Amaryllis nous possède et que Galatée nous a quitté. Car, je l'avouerai, tant que Galatée me tenait sous sa loi, je n'avais ni espoir de liberté ni souci de mon pécule [10]. Si abondantes que fussent les victimes qui sortaient de mes enclos [11], si gras que fussent les fromages que je pressais pour cette ville ingrate [12], jamais je ne rentrais au logis la main pleine de monnaie.

MÉLIBÉE

Je me demandais pourquoi, Amaryllis, tu invoquais tristement les dieux, pour qui tu laissais les fruits pendre à leur arbre : c'est que Tityre était loin d'ici. Ces pins eux-mêmes, Tityre, ces fontaines, ces arbustes t'appelaient.

TITYRE

Que faire ? Je ne pouvais ni sortir autrement d'esclavage ni connaître ailleurs des dieux aussi présents. C'est là [13] que j'ai vu, Mélibée, ce jeune héros [14] pour qui fument nos autels deux fois six jours par an [15]. C'est là qu'il a répondu le premier à ma demande :

« Menez paître, comme avant, vos bœufs, enfants [16]; élevez des taureaux. »

MÉLIBÉE

Fortuné vieillard! ainsi tes champs demeureront ta propriété! Et ils te suffisent, quoique des pierres nues et un marécage aux joncs limoneux [17] couvrent tous ces pacages! Tes brebis pleines ne courront pas le risque d'un changement de pâture et ne souffriront pas de la contagion malsaine d'un troupeau voisin. Fortuné vieillard! ici, parmi ces fleuves que tu connais [18] et ces fontaines sacrées [19], tu jouiras d'une ombreuse fraîcheur! Ici, comme toujours, à la lisière du champ voisin, la haie, où les abeilles de l'Hybla [20] butinent la fleur du saule, t'invitera souvent à dormir par son léger murmure; là, sous ce haut rocher, l'hôte du feuillage [20 bis] lancera sa chanson dans les airs, sans pourtant que les roucoulantes palombes, objet de tes soins, ni que la tourterelle cessent de gémir au sommet de l'ormeau.

TITYRE

Aussi verra-t-on les cerfs légers paître dans l'éther et les flots déposer les poissons à nu sur le rivage; l'on verra, changeant de patrie dans l'exil, ou le Parthe boire l'eau de la Saône ou le Germain celle du Tigre [21], avant que s'effacent de notre cœur les traits de ce héros.

MÉLIBÉE

Mais nous, au sortir de ces lieux, nous irons les uns chez les Africains altérés [22], les autres en Scythie, et nous viendrons aux bords du crayeux torrent de l'Oaxès [23] ou chez les Bretons [24] profondément séparés du reste du monde. Ah! si je revois jamais, après un long temps, mon pays natal et le toit couvert de chaume de ma cabane, aurai-je la surprise de trouver dans mes anciens domaines quelques épis encore ? Un soldat impie [25] aura ces riches guérets! Un barbare [26], ces moissons! Voilà où la discorde a mené nos malheureux concitoyens! Voilà pour qui nous avons ensemencé nos champs! Greffe maintenant tes poiriers,

Mélibée; aligne tes rangées de vignes! Allez, troupeau jadis prospère, allez, mes pauvres chèvres; je ne vous verrai plus désormais, allongé dans un antre vert, pendre au loin au sommet d'un rocher broussailleux. Je ne chanterai plus de chansons; vous n'irez plus, pauvres chèvres, brouter sous ma conduite le cytise en fleur ni les saules amers.

TITYRE

Tu pourrais pourtant reposer avec moi cette nuit sur un lit de feuillage vert. Nous avons de doux fruits, de molles châtaignes et du fromage frais en quantité. Et voici qu'au loin la fumée monte au toit des fermes, et que du haut des monts l'ombre tombe et s'allonge [27].

II

ALEXIS

ALEXIS

Le berger Corydon brûlait pour le bel Alexis, délices de son maître [28]; et son amour était sans espoir. Simplement il venait sans cesse dans un fourré de hêtres [29] aux cimes ombreuses, où, solitaire, il jetait aux monts et aux bois ces plaintes ardentes et vaines :

« O cruel Alexis, tu n'as cure de mes chants, tu n'as point pitié de nous, tu finiras par me faire mourir. Voici le moment où même les troupeaux cherchent l'ombre et le frais; le moment où même les lézards verts se cachent dans les épines; où Thestylis [30], pour les moissonneurs harassés par le feu dévorant du jour, broie l'ail, le serpolet et les herbes odorantes [31]. Mais moi, qui suis la trace de tes pas sous un soleil ardent, j'entends les rauques cigales me répondre. N'eût-il pas été préférable de supporter les noires colères d'Amaryllis et ses superbes dédains ? Préférable de supporter Ménalque, qui est si brun quand tu es si blanc ? O bel enfant, ne te fie pas trop à la couleur. On laisse les blancs troènes [32] tomber, on cueille les vaciets noirs [33]. Tu me dédaignes et tu ne te demandes pas qui je suis, Alexis, si mon bercail est riche, si j'ai en abondance un lait couleur de neige. J'ai mille agnelles qui errent sur les monts de la Sicile, le lait nouveau ne me manque ni l'été, ni l'hiver; je chante les airs que chantait Amphion de Dircé [34] sur l'Aracynthe Actéen [35], s'il venait à rappeler ses troupeaux. Et je ne suis pas si laid : naguère je me suis vu sur le rivage [36], quand la mer demeurait tranquille sous les vents. Non, je ne craindrais pas Daphnis [37], en t'acceptant pour juge, si un miroir n'est jamais trompeur.

Oh! si seulement il te plaisait d'habiter avec moi une pauvre campagne et une humble cabane, d'empenner le cerf et de mener un troupeau de chevreaux vers la verte guimauve [38]! Uni à moi dans les bois, tu imiteras Pan par tes chansons : Pan qui, le premier, apprit à joindre avec de la cire plusieurs chalumeaux, Pan qui garde les brebis et les maîtres des brebis. N'hésite pas à froisser sur le chalumeau ta lèvre chérie; pour en savoir autant, que ne faisait point Amyntas [39] ? J'ai une flûte formée de sept ciguës inégales, dont Damétas [40] m'a fait cadeau jadis, et il m'a dit en mourant : « Elle a en toi maintenant un second maître. » Ainsi dit Damétas, et Amyntas, le sot, en fut jaloux. En outre j'ai deux petits chevreuils, trouvés dans un vallon qui n'était pas pour moi sans danger; leur pelage est encore parsemé de blanc [41], et chaque jour ils tarissent deux mamelles de brebis : c'est à toi que je les réserve. Depuis longtemps Thestylis me supplie de les lui laisser emmener; et elle le fera, puisque mes présents te répugnent.

Viens ici, ô bel enfant; vois : les Nymphes t'apportent des lis à pleines corbeilles; pour toi, la blanche Naïade, cueillant les pâles violettes et les pavots superbes, y joint le narcisse et la fleur du fenouil embaumé; puis, les tressant avec le garou et d'autres herbes suaves, elle marie le tendre vaciet au jaune souci. Moi-même je cueillerai les fruits blanchâtres au duvet tendre [42], et ces noix de châtaignier [43] que mon Amaryllis aimait tant. J'ajouterai des prunes dorées [44] : ce fruit aussi sera en honneur; et vous encore, ô lauriers, je vous cueillerai, et toi, myrte, que je placerai tout près du laurier, puisque ainsi réunis vous mariez vos suaves odeurs. Tu es un rustre, Corydon : tes cadeaux ne touchent pas Alexis; et même si tu voulais lutter à coups de cadeaux, Iollas ne te le céderait point. Hélas! qu'ai-je fait, malheureux! dans mon délire, j'ai lancé sur les fleurs l'Auster [45] et, dans les claires fontaines, les sangliers. Devant qui fuis-tu, insensé ? Les dieux aussi [46] et le Dardanien Pâris [47] ont habité les forêts. Laisse Pallas se plaire aux citadelles qu'elle a bâties [48]; pour nous, à tout autre séjour, préférons les forêts. La lionne à l'œil torve cherche le loup; le loup à son tour la chèvre; la chèvre lascive cherche le cytise en fleur; Corydon, c'est toi qu'il cherche, ô Alexis : chacun cède au plaisir qui l'entraîne. Vois : les taureaux rapportent la charrue suspendue à leur joug [49], et le soleil déclinant double les ombres croissantes; moi cependant l'amour me brûle encore : car quel terme y a-t-il à l'amour ? Ah! Corydon, Corydon, quelle démence t'a pris ? Ta vigne à demi taillée languit sur l'orme feuillu. Que ne songes-tu plutôt à des ouvrages utiles, à tresser en corbeilles l'osier et le jonc flexible. Si celui-ci te dédaigne, tu trouveras un autre Alexis. »

III

PALÉMON

MÉNALQUE, DAMÈTE, PALÉMON

MÉNALQUE

Dis-moi, Damète, à qui ce troupeau ? à Mélibée ?

DAMÈTE

Non, mais à Egon; il vient de m'être confié par Egon.

MÉNALQUE

Troupeau toujours infortuné! pauvres brebis! Tandis que le maître caresse Néère et craint qu'elle ne me préfère à lui, ce gardien étranger [50] trait les brebis deux fois par heure [51], enlevant aux mères leur suc et le lait aux agneaux.

DAMÈTE

Songe pourtant que de tels reproches doivent être adressés avec plus de réserve à des hommes [52]. Nous en connaissons qui te [53]... les boucs te regardaient de travers... et dans quel antre sacré[54]... mais les Nymphes indulgentes en ont ri.

MÉNALQUE

Ce fut sans doute quand [55] elles me virent, d'une faucille malfaisante, couper les plants d'arbres et les nouvelles vignes de Micon.

DAMÈTE

Ou ici, près des vieux hêtres, quand tu brisas l'arc et les flèches de Daphnis [56]. Méchant Ménalque, jaloux de voir qu'on les eût donnés à cet enfant, tu te désolais, et si tu n'avais trouvé quelque moyen de lui nuire, tu en serais mort.

MÉNALQUE

Que peuvent faire les maîtres, quand des voleurs ont de telles audaces! Mais moi, ne t'ai-je pas vu, misérable, prendre au piège un chevreau de Damon ? Lycisca [57] avait beau aboyer. Et, tandis que je m'écriais : « Où se sauve le coquin ? Tityre, rassemble ton troupeau », tu étais déjà caché derrière les glaïeuls.

DAMÈTE

Vaincu au chant, ne devait-il pas me livrer le chevreau qu'avaient mérité ma flûte et mes vers ? Si tu l'ignores, ce chevreau était à moi, et Damon lui-même en convenait, mais il ne pouvait me le livrer, disait-il.

MÉNALQUE

Toi, vainqueur de Damon ? As-tu seulement jamais possédé une flûte faite de plusieurs tuyaux réunis par la cire ? N'est-ce pas toi, ignorant, qu'on voyait aux carrefours [58] massacrer un air misérable sur un aigre chalumeau ?

DAMÈTE

Eh bien, veux-tu que nous fassions tour à tour l'essai de nos talents ? Tu vois cette génisse; ne t'avise pas de la dédaigner : deux fois par jour elle vient à la traite, deux petits se nourrissent de son lait; je la mets comme enjeu; et toi, dis-moi, quel gage risques-tu ?

MÉNALQUE

De mon troupeau je n'oserais rien mettre comme enjeu dans ce défi : car j'ai à la maison un père, j'ai une injuste marâtre; et deux fois par jour ils comptent tous les deux mon troupeau, et l'un d'eux compte aussi mes chevreaux. Mais tu seras le premier à reconnaître que mon gage est bien supérieur au tien, (puisqu'il te plaît de faire une folie) je mettrai des coupes de hêtre, chefs-d'œuvre de ciselure du divin Alcimédon [59] : son foret agile en a couronné les bords d'une souple vigne et a répandu çà et là des grappes que revêt un lierre pâlissant. Au milieu sont deux figures, Conon [60], et... quel était l'autre [61], qui a mesuré le monde entier avec son compas [62] et marqué la saison du moissonneur ou du laboureur [63] courbé sur la charrue ? Je ne les ai point encore approchées de mes lèvres, mais je les garde renfermées.

DAMÈTE

Le même Alcimédon nous a fait aussi deux coupes et en a enveloppé les anses d'une souple acanthe; au milieu il a placé Orphée et les forêts qui le suivent [64]. Je ne les ai point encore approchées de mes lèvres, mais je les garde renfermées. Auprès de ma génisse, tes coupes ne méritent pas qu'on les vante.

MÉNALQUE

Tu ne m'échapperas jamais aujourd'hui; je me soumettrai à toutes tes conditions. Que celui qui s'avance nous écoute seulement; ah! c'est Palémon. Je vais pour toujours t'ôter l'envie de défier personne aux combats du chant.

DAMÈTE

Eh bien va, montre ce que tu sais : pour moi, je ne me ferai pas attendre, et je ne crains personne. Seulement, voisin Palémon, sois profondément attentif, la chose en vaut la peine.

PALÉMON

Parlez, puique nous voilà assis sur l'herbe tendre. Maintenant toutes les campagnes, maintenant tous les arbres ont repris leur fécondité; maintenant les forêts ont repris leur feuillage; maintenant c'est le plus beau moment de l'année. Commence, Damète [65]; toi, Ménalque, tu viendras ensuite. Tour à tour vous aurez la parole; les Camènes [66] aiment les chants alternés.

DAMÈTE

Commençons par Jupiter, Muses [67]; tout est plein de Jupiter [68]; il soigne les terres; il s'intéresse à nos chants.

MÉNALQUE

Et moi, Phébus m'aime; pour Phébus j'ai toujours chez moi les présents qu'il agrée, les lauriers [69] et l'hyacinthe [70] à l'incarnat suave [71].

DAMÈTE

Galatée [72] me vise avec une pomme [73] — lascive enfant — et s'enfuit vers les saules et veut auparavant se faire voir.

MÉNALQUE

Amyntas [74], mon brûlant désir, vient s'offrir de lui-même à mes yeux, si bien que déjà Délie [75] n'est pas mieux connue de mes chiens.

DAMÈTE

J'ai des présents tout prêts pour ma Vénus [76] : car j'ai marqué moi-même l'endroit où des palombes ont fait leur nid aérien.

MÉNALQUE

J'ai fait ce que j'ai pu : j'ai envoyé à mon jeune ami [77] dix pommes d'or cueillies sur un arbre sauvage; demain je lui en enverrai dix autres.

DAMÈTE

Oh! que de fois Galatée nous a tenu de doux propos! puissiez-vous, vents, en porter quelque chose aux oreilles des dieux!

MÉNALQUE

Que me sert de n'être point l'objet de tes mépris, Amyntas, si, pendant que tu poursuis les sangliers, moi je garde les rets ?

DAMÈTE

Envoie-moi Phyllis [78], c'est mon jour natal, Iollas; quand j'immolerai une génisse pour la moisson, viens toi-même.

MÉNALQUE

J'aime Phyllis plus que toutes les autres; car elle a

pleuré de me voir partir et longtemps elle m'a dit : « Adieu, adieu, bel Iollas! »

DAMÈTE

Le loup est un fléau pour les étables [79], les pluies pour les moissons mûres, les vents pour les arbres, et pour nous les accès de colère d'Amaryllis.

MÉNALQUE

L'eau est douce aux guérets, l'arbousier aux chevreaux sevrés, le saule flexible aux brebis pleines, et à moi le seul Amyntas.

DAMÈTE

Pollion [80] aime notre Muse, toute rustique qu'elle est; Piérides [81], nourrissez une génisse pour votre lecteur [82].

MÉNALQUE

Pollion, lui aussi, fait des vers d'un goût nouveau [83]; nourrissez pour lui un taureau qui déjà menace de la corne et qui des pieds fasse voler la poussière.

DAMÈTE

Que celui qui t'aime, Pollion, parvienne où il se réjouit de te voir parvenu! Que pour lui coule le miel, et que le buisson hérissé porte l'amome [84]!

MÉNALQUE

Que celui qui ne hait point Bavius aime tes vers, Mévius [85], et qu'il aille aussi atteler les renards et traire les boucs.

DAMÈTE

Vous qui cueillez les fleurs et les fraises qui naissent au ras du sol, fuyez d'ici, ô enfants : un froid serpent [86] est caché sous l'herbe.

MÉNALQUE

Evitez, brebis, de trop avancer : la rive n'est pas bien sûre; le bélier lui-même sèche encore maintenant sa toison.

DAMÈTE

Tityre, éloigne tes petites chèvres des pâturages du fleuve; moi-même, quand il sera temps, je les laverai toutes à la fontaine.

MÉNALQUE

Rassemblez vos brebis, enfants : si, comme l'autre jour, la chaleur fait tarir leur lait, vainement nous presserons leurs mamelles de nos mains.

DAMÈTE

Hélas! hélas! comme mon taureau est maigre en cette grasse campagne! Le même amour est funeste au troupeau et au maître du troupeau.

MÉNALQUE

Ceux-ci du moins ne sont pas consumés par l'amour, et ils n'ont que la peau et les os. Je ne sais quel mauvais œil [87] fascine mes tendres agneaux.

DAMÈTE

Dis en quelles contrées [88] (et tu seras pour moi le grand Apollon) le ciel ne s'étend pas au-delà de trois coudées [89].

MÉNALQUE

Dis en quelles contrées naissent les fleurs où sont inscrits des noms de rois [90], et Phyllis est à toi seul.

PALÉMON

Nous ne pouvons prononcer entre vous dans un si grand débat. Toi et lui méritez la génisse, et quiconque avec vous redoutera les douceurs de l'amour [91] ou en éprouvera l'amertume [92]. Fermez maintenant les ruisseaux, enfants : les prés ont assez bu [93].

IV

POLLION

POLLION

Muses de Sicile [94], élevons un peu nos chants : tout le monde n'aime pas les arbousiers et les humbles tamaris [95]; si nous chantons les forêts, que les forêts soient dignes d'un consul [96].

Voici venu le dernier âge de la Cuméenne prédiction [97]; voici que recommence le grand ordre des siècles [98]. Déjà revient aussi la Vierge [99], revient le règne de Saturne. Déjà une nouvelle race descend du haut des cieux.

Cet enfant dont la naissance va clore l'âge de fer et ramener l'âge d'or dans le monde entier, protège-le seulement, chaste Lucine [100] : déjà règne ton cher Apollon [101].

C'est sous ton consulat, Pollion, que commencera ce siècle glorieux et que les grands mois prendront leur cours; sous tes auspices, les dernières traces de notre crime [102], s'il en reste encore, pour toujours effacées, affranchiront les terres d'une frayeur perpétuelle. Cet enfant aura la vie des dieux; il verra les héros mêlés aux dieux, ils le verront lui-même parmi eux; et il gouvernera l'univers pacifié par les vertus de son père.

La terre, enfant, féconde sans culture, t'offrira pour prémices les lierres [103] rampants avec le baccar [104], et les colocasies [105] mêlées à la riante acanthe [106]. D'elles-mêmes les chevrettes rapporteront au bercail leurs mamelles gonflées de lait, et les troupeaux ne craindront plus les lions puissants. De lui-même ton berceau se couvrira de fleurs caressantes [107]; plus de serpents, plus d'herbes au poison trompeur; partout naîtra l'amome d'Assyrie [108].

Dès que tu pourras lire les exploits des héros et les hauts faits de ton père, et connaître ce qu'est la vertu, on verra la campagne blondir peu à peu sous les moissons ondoyantes, la grappe rougissante pendre aux buissons incultes et les chênes durs distiller une rosée de miel. Cependant quelques vestiges de l'ancienne perversité subsisteront encore, qui pousseront les mortels à braver Thétys [109] sur des radeaux, à ceindre les villes de murailles, à creuser des sillons dans la terre. Il y aura alors un autre Tiphys [110] et un autre Argo pour porter une élite de héros; il y aura alors d'autres guerres et, aux rivages d'une nouvelle Troie, on enverra un nouvel Achille.

Puis, quand l'âge affermi aura fait de toi un homme, le passager lui-même renoncera à la mer; le pin navigateur [111] n'échangera plus les marchandises; toute terre produira tout. Le sol ne souffrira plus du hoyau, ni la vigne de la faucille, et le robuste laboureur délivrera ses taureaux du joug. La laine n'apprendra plus à mentir sous des couleurs variées; mais, dans les prés, le bélier changera de lui-même sa toison tantôt en un suave rouge pourpre [112], tantôt en un safran doré [113], et un vermillon naturel [114] revêtira les agneaux qui paissent.

« Filez de tels siècles », ont dit à leurs fuseaux les Parques, d'accord avec l'ordre immuable des destins.

Monte, il en sera temps bientôt, aux honneurs suprêmes [115], ô fils chéri des dieux, rejeton puissant de Jupiter! Vois tressaillir de joie et le monde à la masse convexe et les terres et l'immensité de la mer et le ciel profond; vois comme tout l'univers se réjouit dans l'attente de ce siècle.

Oh! puisse une longue vie me conserver encore assez de jours et de souffle pour célébrer dignement tes hauts faits! Personne alors ne me vaincrait par ses chants, ni le Thrace Orphée, ni Linos [116], fussent-ils inspirés l'un par sa mère et l'autre par son père, Orphée par Calliope [117] et Linos par le bel Apollon. Pan aussi, s'il me défiait, en prenant même l'Arcadie pour juge [118],

Pan aussi, au jugement de l'Arcadie, s'avouerait vaincu.

Commence, petit enfant, à connaître ta mère par son sourire. Ta mère pendant dix mois a souffert de longs ennuis. Commence, petit enfant : celui à qui n'ont pas souri ses parents, n'est jugé digne ni de la table d'un dieu [119] ni du lit d'une déesse.

V

DAPHNIS

MÉNALQUE, MOPSUS

MÉNALQUE

Puisque nous voici réunis, Mopsus, habiles tous les deux, toi, dans l'art d'enfler de légers chalumeaux, moi, de chanter des vers, pourquoi ne pas nous asseoir ici au milieu de ces ormes mêlés de coudriers ?

MOPSUS

Tu es l'aîné : il est juste que je t'obéisse, Ménalque, soit que tu veuilles entrer sous ces ombrages qui tremblent au souffle des Zéphyrs, soit, si tu le préfères, dans cette grotte. Vois comme une lambrusque sauvage en tapisse l'entrée de ses raisins épars.

MÉNALQUE

Sur nos montagnes Amyntas seul le dispute avec toi.

MOPSUS

Eh! à Phébus lui-même ne disputerait-il pas le prix du chant ?

MÉNALQUE

Commence, Mopsus, le premier; dis si tu te les rappelles, les feux de Phyllis, ou les louanges d'Alcon, ou les défis de Codrus [120]. Commence; Tityre veillera [121] sur nos chevreaux qui paissent.

MOPSUS

Non, j'essaierai ces vers que, l'autre jour, j'ai inscrits sur la verte écorce d'un hêtre, chantant et écrivant tour à tour : après cela, invite ton Amyntas à lutter avec moi.

MÉNALQUE

Autant le saule flexible le cède au pâle olivier, l'humble nard [122] des bois au rosier pourpre, autant, à notre avis, Amyntas te le cède. Mais il suffit, enfant : nous voici dans la grotte.

MOPSUS

Les Nymphes pleuraient Daphnis emporté par une mort cruelle : coudriers, et vous, fleuves, vous fûtes témoins de la douleur des Nymphes, lorsque embrassant le corps de son malheureux fils, une mère accusa de cruauté et les dieux et les astres. Nul berger en ces tristes jours ne mena, ô Daphnis, sortant du pâturage, ses bœufs boire à l'eau froide des fleuves; nul quadrupède ne goûta l'eau de la rivière, ni ne toucha à l'herbe du pré. Daphnis, les montagnes sauvages et les forêts attestent que les lions Puniques [123] eux-mêmes gémirent de ta mort. Daphnis nous apprit à atteler à un char les tigres d'Arménie [124]; Daphnis nous apprit à conduire les thiases [125] de Bacchus et à enlacer d'un tendre feuillage les souples thyrses [126]. Comme la vigne fait l'ornement des arbres, les grappes, de la vigne, les taureaux, du troupeau, les moissons, des grasses campagnes, ainsi tu fis tout l'ornement des tiens. Depuis que les destins t'ont ravi, Palès [127] même et même Apollon [128] ont déserté nos champs. Dans ces sillons, auxquels nous avions souvent confié nos grandes orges, s'élèvent l'ivraie sauvage [129] et les stériles avoines [130]. Au lieu de la douce violette, au lieu du narcisse pourpre [131], on voit croître le chardon et la ronce aux épines aiguës. Jonchez le sol de feuilles, mettez des ombrages aux fontaines [132], bergers : tels sont les honneurs que vous demande Daphnis. Elevez-lui un tombeau, et, sur le tombeau, gravez ces vers : « Je suis Daphnis, habitant des forêts, connu d'ici-bas jusqu'aux astres, gardien d'un beau troupeau, plus beau encore moi-même. »

MÉNALQUE

Tes vers, divin poète, sont pour nous ce qu'est pour les voyageurs fatigués le sommeil sur le gazon, ce qu'est, pendant les chaleurs, le plaisir d'étancher sa soif à un ruisseau jaillissant d'eau douce. Non seulement tu égales ton maître [133] pour la flûte, mais encore pour le chant. Enfant fortuné, tu seras un second Daphnis. Cependant, nous allons à notre tour te chanter nos vers de notre mieux et porter ton cher Daphnis jusqu'aux astres; oui, nous l'élèverons jusqu'aux astres : Daphnis nous a aimés aussi.

MOPSUS

Est-il rien pour nous au-dessus d'un pareil don ? Oui, cet enfant était bien digne de tes chants, et depuis longtemps Stimichon [134] nous a fait l'éloge de tes vers.

MÉNALQUE

Daphnis éblouissant [135] contemple étonné le seuil de l'Olympe et voit sous ses pieds les nuages et les astres. Aussi l'allègre volupté remplit les forêts et le reste des campagnes, et l'air, et les bergers, et les jeunes Dryades. Le loup ne tend plus d'embûches au troupeau ni les rets perfides aux cerfs : le bon Daphnis aime la paix. Les montagnes chevelues elles-mêmes lancent vers les astres des cris de joie; les rochers eux-mêmes, les buissons eux-mêmes répètent bientôt : « Il est dieu, il est dieu, Ménalque. »

Oh! sois bon et favorable aux tiens! Voici quatre autels : ces deux-ci pour toi, Daphnis, et ces deux grands [136] pour Phébus [137]. Tous les ans je t'offrirai deux coupes toutes écumantes d'un lait nouveau, et deux cratères remplis d'une huile épaisse; puis, égayant le festin par les flots de la liqueur de Bacchus, près du foyer au temps froid, au temps de la moisson sous l'ombrage, je ferai couler des flacons d'Ariusium [138] un vin pareil au nectar. Damète et le Lycien [139] Egon me feront entendre leurs chants; Alphésibée imitera les Satyres dansants [140]. Tels sont les honneurs que nous te rendrons toujours, soit quand nous accorderons aux Nymphes le tribut de nos vœux annuels [141], soit quand nous purifierons nos champs [142]. Tant que le sanglier se plaira sur les cimes des montagnes, et le poisson dans les fleuves, tant que les abeilles se nourriront de thym et les cigales de rosée [143], ton culte, ton nom, tes louanges dureront éternellement. Comme à Bacchus et à Cérès, les laboureurs, tous les ans, t'adresseront leurs vœux; et toi aussi, tu exauceras ces vœux.

MOPSUS

Quels prix, quels dons t'offrir pour payer un tel chant ? Car moins doux sont à mon oreille le sifflement de l'Auster [144] qui se lève, le bruit des flots qui battent le rivage, ou celui des fleuves qui descendent à travers les vallées pierreuses.

MÉNALQUE

Nous te donnerons d'abord cette légère ciguë [145]; c'est avec elle que nous avons chanté : « Corydon brûlait pour le bel Alexis »; et encore : « A qui ce troupeau ? à Mélibée. »

MOPSUS

Et toi, prends ma houlette : Antigène, tout digne d'être aimé qu'il était alors, me l'a demandée souvent sans pouvoir l'obtenir. Elle est belle, ô Ménalque, avec ses nœuds égaux et son airain.

VI

SILÈNE

SILÈNE

La première[146], notre Thalie[147] a daigné jouer du vers Syracusain[148], et elle n'a point rougi d'habiter les forêts. Un jour que je chantais les rois et les combats, le dieu du Cynthe[149] m'a tiré l'oreille et donné cet avis : « Un berger, Tityre[150], doit paître de grasses brebis et chanter de modestes chansons. » Je vais donc (car assez d'autres voudront célébrer tes louanges, Varus[151], et chanter les tristes guerres), je vais essayer un air sylvestre sur mon léger pipeau. Je ne chante pas sans y être convié. S'il est quelqu'un pourtant, s'il est quelqu'un qui trouve de l'attrait à mes vers et se plaise à les lire, il t'entendra, Varus, chanter par nos bruyères et par tout le bocage. Il n'est point de page plus agréable à Phébus que celle où l'on voit écrit en tête le nom de Varus.

Poursuivez, Piérides[152]. Chromis et Mnasyle[153], des enfants, virent Silène[154] étendu et dormant dans un antre. Ses veines étaient enflées, comme toujours, de la liqueur d'Iacchus[155] qu'il avait bue la veille; ses guirlandes seulement, tombées de sa tête, gisaient loin de lui, et de sa main pendait une lourde coupe à l'anse tout usée. Ils se jettent sur lui (car souvent le vieillard les avait leurrés tous deux de l'espoir d'une chanson) et l'enchaînent de ses propres guirlandes. Eglé se joint à eux et les encourage, Eglé, la plus belle des Naïades[156]; et, au moment où il ouvre les yeux, elle lui barbouille de mûres sanglantes le front et les tempes. Lui, riant de leur tour : « A quoi bon m'enchaîner de ces lierres ? dit-il; déliez-moi, enfants; c'est assez d'avoir pu me surprendre. Les chants que vous voulez connaître, les voici; les chants sont pour vous; elle aura, elle, un autre salaire. » Aussitôt il commence.

Alors vous eussiez vu les Faunes [157] et les bêtes sauvages s'ébattre en cadence, et les chênes les plus durs balancer leurs cimes. Le Parnasse rocheux [158] n'a point tant de joie à entendre Phébus, ni le Rhodope et l'Ismare [159] n'admirent autant Orphée.

Car il chantait comment, à travers le vide immense, s'étaient confondues les semences de la terre, de l'air, de la mer et du feu fluide; comment de ces premiers éléments sortirent tous les principes et se forma lui-même l'orbe tendre du monde; comment alors le sol commença à durcir, à renfermer Nérée [160] dans la mer, et à prendre peu à peu les formes des objets; comment la terre bientôt voit avec étonnement le soleil luire dans sa nouveauté et les nuages s'élever pour retomber en pluie, tandis que les forêts commencent à poindre et que quelques rares animaux errent sur des montagnes inconnues.

Puis il raconte les cailloux jetés par Pyrrha [161], le règne de Saturne, les oiseaux du Caucase et le larcin de Prométhée [162]. Il y joint Hylas [163] que les matelots avaient laissé près d'une fontaine et rappelaient à grands cris, tandis que le rivage entier répétait : « Hylas! Hylas! » Il conte aussi, heureuse s'il n'eût jamais existé de troupeaux, Pasiphaé éprise de son taureau neigeux [164]. Ah! vierge infortunée, quel délire t'a prise ? Les Prétides ont rempli les campagnes de faux mugissements [165]; nulle d'entre elles pourtant n'a désiré de si monstrueux accouplements, bien qu'elles eussent souvent redouté pour leur cou le joug de la charrue et cherché des cornes sur leur front lisse! Ah! vierge infortunée, tu erres maintenant sur les montagnes; et lui, de ses flancs neigeux pressant la molle hyacinthe, rumine sous l'yeuse noire des herbes pâlissantes, ou suit quelque génisse dans un nombreux troupeau. Fermez, Nymphes, Nymphes du Dicté [166], fermez les issues des bois, pour voir si s'offriront par hasard à mes yeux les traces du bœuf vagabond. Peut-être qu'attiré par l'herbe verte ou accompagnant un troupeau, il aura suivi quelques génisses jusqu'aux étables de Gortyne [167]...

Puis il chante la jeune fille [168] que charmèrent les pommes des Hespérides; puis il entoure les Phaéthontiades [169] de la mousse d'une écorce amère et les transforme en arbres dressant leurs têtes altières. Puis il chante Gallus [170] errant aux bords du Parnasse [171] : l'une des sœurs [172] l'a conduit aux montagnes d'Aonie [173]; le chœur entier de Phébus [174] s'est levé en son honneur, et le berger Linus [175], les cheveux couronnés de fleurs et d'ache amère [176], lui a dit dans la langue des dieux : « Voici les chalumeaux que les Muses te donnent; accepte-les; elles les donnèrent jadis au vieillard d'Ascra [177]; en chantant avec eux, il faisait descendre des montagnes les frênes les plus durs [178]. Qu'ils te servent à chanter l'origine de la forêt de Grynée [179], pour qu'il n'y ait point de bois sacré dont se glorifie plus Apollon. »

Dirai-je comment il chanta Scylla [180], fille de Nisus, dont la légende dit que les flancs éblouissants étaient ceints de monstres aboyants, et qui tourmentèrent les radeaux de Dulichie [181], et qui livrèrent hélas! au fond du gouffre les matelots tremblants aux morsures des chiens de mer ? Ou dirai-je comment il conta la métamorphose des membres de Térée [182], quels mets, quels présents prépara pour lui Philomèle, quelle course l'emporta à travers les déserts, et avec quelles ailes l'infortunée survola son propre palais ?

Tout ce que l'Eurotas charmé entendit jadis chanter à Phébus [183] et fit répéter à ses lauriers, il le chante : les vallées en portent l'écho jusqu'aux astres, jusqu'à l'heure où, forçant les bergers à ramener au bercail et compter leurs brebis, Vesper [184] s'avança dans l'Olympe qui le vit poindre à regret.

VII

MÉLIBÉE

MÉLIBÉE, CORYDON, THYRSIS

MÉLIBÉE

D'aventure Daphnis [185] s'était assis sous une yeuse frémissante, et Corydon et Thyrsis avaient confondu leurs troupeaux : Thyrsis, ses brebis, Corydon, ses chevrettes aux mamelles gonflées de lait; tous deux dans la fleur de leur âge, Arcadiens tous deux [186], également habiles à chanter et prêts à se répondre.

Tandis que j'abritais du froid mes tendres myrtes [187], le héros [188] de mon troupeau, le bouc lui-même s'était égaré de ce côté; j'aperçois Daphnis. Lui, à son tour, dès qu'il me voit : « Accours vite ici, dit-il, ô Mélibée; ton bouc est sauf ainsi que tes chevreaux; et, si tu as quelque loisir, repose-toi sous l'ombrage. D'eux-mêmes tes jeunes bœufs viendront, à travers les prés, s'abreuver ici; ici le Mincio [189] borde ses vertes rives de roseaux tendres, et des essaims murmurent dans le creux de ce chêne sacré [190]. » Que faire ? je n'avais ni Alcippe ni Phyllis [191] pour enfermer au bercail mes agneaux nouvellement sevrés; et la lutte, qui mettait Corydon aux prises avec Thyrsis, était belle! Enfin à mes occupations je préférai leurs jeux. Ils commencèrent donc leur concours, tous les deux, en vers alternés : les Muses leur ordonnaient ces vers alternés. Corydon commençait et Thyrsis répondait.

CORYDON

Nymphes Libéthrides [192], notre amour, inspirez-moi des chants pareils à ceux de mon Codrus [193] (ses vers approchent de ceux de Phébus); ou, si nous ne pouvons tous obtenir cette faveur, ma flûte harmonieuse restera pendue à ce pin sacré [194].

THYRSIS

Bergers Arcadiens, couronnez de lierre un poète naissant, pour que Codrus en crève de jalousie; ou, s'il me loue plus qu'il ne convient, ceignez mon front de baccar [195], de peur que sa méchante langue ne nuise au poète futur.

CORYDON

Cette hure d'un sanglier aux belles soies et ces cornes et ramures d'un vieux cerf, le jeune Micon [196] te les consacre, ô Délienne [197]! Si ce bonheur est constant, tu auras une statue toute en marbre poli, les jambes chaussées d'un cothurne de pourpre [198].

THYRSIS

Une jatte de lait et ces petits gâteaux, voilà, Priape [199], tout ce que tu peux attendre de moi chaque année : tu es le gardien d'un petit jardin. Aujourd'hui nous t'avons fait de marbre, selon nos moyens; mais si la fécondité des brebis repeuple mon troupeau, tu seras d'or.

CORYDON

Fille de Nérée, Galatée [200], plus douce à mon gré que le thym de l'Hybla [201], plus éblouissante que les cygnes, plus belle que le lierre blanc [202], dès que les taureaux repus regagneront leurs crèches, viens, si tu as de ton Corydon quelque souci.

THYRSIS

Et moi, je voudrais te paraître plus amer que les herbes de Sardaigne [203], plus hérissé que le houx [204], plus vil que l'algue [205] que rejettent les flots, si ce jour n'est pas déjà plus long pour moi qu'une année entière! Allez au logis, vous voilà repus, allez, mes bœufs, si vous avez quelque pudeur.

CORYDON

Fontaines moussues, herbe plus molle que le sommeil [206], et toi, arbousier vert qui les couvres de ton ombre rare [207], défendez mon troupeau du solstice [208]; voici déjà l'été brûlant, déjà les bourgeons se gonflent sur la vigne féconde.

THYRSIS

Ici nous avons un foyer et des torches résineuses; ici brûle sans cesse un grand feu, et les battants sont noirs d'une éternelle fumée [209]. Ici nous nous soucions autant des froidures de Borée [210] que le loup du nombre des brebis ou les torrents de leurs rives.

CORYDON

Voyez s'élever les genévriers et les châtaigniers épineux [211]; leurs fruits gisent, épars çà et là, sous les arbres qui les ont portés : tout est riant aujourd'hui; mais si le bel Alexis [212] s'en allait de ces montagnes, on verrait les fleuves mêmes à sec.

THYRSIS

Le champ est desséché; l'herbe languit et meurt sous un ciel embrasé; Liber [213] a refusé à nos collines l'ombre des pampres; mais à l'arrivée de notre Phyllis, tout le bois reverdira, et Jupiter [214], en pluie féconde, se répandra à profusion.

CORYDON

Le peuplier est très agréable à l'Alcide [215], la vigne à Bacchus, le myrte à la belle Vénus, son laurier à Phébus. Mais Phyllis aime les coudriers : tant que Phyllis les aimera, ni le myrte ni le laurier de Phébus ne l'emporteront sur les coudriers.

THYRSIS

Le frêne, dans les forêts, est le plus beau, le pin dans les jardins [216], le peuplier près des fleuves, le sapin sur les hautes montagnes; mais si tu venais me voir plus souvent, beau Lycidas, le frêne dans les forêts et le pin dans les jardins pâliraient devant toi.

MÉLIBÉE

Tels sont les chants dont je me souviens, et des vains efforts de Thyrsis vaincu. Depuis ce temps Corydon est pour nous Corydon.

VIII

LA MAGICIENNE

DAMON, ALPHÉSIBÉE

Nous dirons les chants des bergers Damon et Alphésibée; en admirant leur lutte, la génisse oublia les prairies, les lynx charmés [217] s'arrêtèrent, et les fleuves immobiles suspendirent leur cours : nous dirons les chants de Damon et d'Alphésibée.

O toi [218], soit que déjà tu franchisses les roches du grand Timave [219], soit que tu longes [220] le bord de la mer d'Illyrie [221], viendra-t-il jamais, le jour où il me sera permis de chanter tes hauts faits [222] ? Le jour où je pourrai répandre par toute la terre tes poèmes, les seuls dignes du cothurne [223] de Sophocle [224] ? Premier objet de mes chants, tu en seras le terme. Accepte ces vers composés sur tes ordres [225] et laisse ce lierre [226] courir en couronne sur tes tempes au milieu de tes lauriers vainqueurs [227] ?

L'ombre fraîche de la nuit avait à peine quitté le ciel : c'était l'heure où la rosée si chère au troupeau recouvre l'herbe tendre : Damon, appuyé sur sa houlette d'olivier [228], commença ainsi :

DAMON

Surgis, Lucifer [229], et amène avec toi la lumière bienfaisante, tandis qu'indignement trompé dans mon amour pour Nisa, ma compagne, je gémis et que mourant j'adresse aux dieux (bien que je n'aie rien gagné à les avoir pour témoins) une prière suprême. Répète avec moi, ô ma flûte, les vers du Ménale [230].

Le Ménale a toujours des bois mélodieux [231] et des pins éloquents; toujours il entend les amours des bergers et ceux de Pan, qui, le premier, ne laissa pas inertes les chalumeaux. Répète avec moi, ô ma flûte, les vers du Ménale.

Donner Nisa à Mopsus! à quoi ne devons-nous pas nous attendre, nous autres amants! Bientôt les griffons [232] s'attelleront au même joug que les chevaux et ensuite les daims timides viendront se désaltérer avec les chiens. Mopsus, taille des torches nouvelles [233] : on t'amène l'épouse; sème les noix [234], ô mari : pour toi Vesper abandonne l'Œta [235]. Répète avec moi, ô ma flûte, les vers du Ménale.

O femme qui choisis un époux digne de toi [236], tandis que tu nous dédaignes tous, que tu as en horreur ma flûte et mes chevrettes et mes sourcils hirsutes et ma longue barbe [237], et que tu crois tous les dieux indifférents aux choses humaines! Répète avec moi, ô ma flûte, les vers du Ménale.

Dans nos enclos je t'ai vue toute petite cueillant avec ta mère (et j'étais votre guide) des pommes couvertes de rosée. J'entrais alors dans cette année qui suit la onzième; déjà je pouvais, du sol, atteindre les frêles rameaux. A peine te vis-je que je fus perdu! et qu'un fol égarement emporta ma raison! Répète avec moi, ô ma flûte, les vers du Ménale.

Maintenant je sais ce qu'est l'Amour. C'est le Tamare [238], ou le Rhodope [239], ou les Garamantes qui habitent aux confins du monde [240] qui l'ont engendré sur leurs durs rocs, petit enfant qui n'est ni de notre race ni de notre sang. Répète avec moi, ô ma flûte, les vers du Ménale.

Le farouche Amour apprit à une mère à souiller ses mains du sang de ses fils [241]; mais toi aussi, tu fus cruelle, mère; la mère fut-elle plus cruelle ou l'enfant plus inhumain ? L'enfant fut inhumain; mais toi aussi, tu fus cruelle, ô mère. Répète avec moi, ô ma flûte, les vers du Ménale.

Qu'on voie maintenant le loup fuir devant les brebis; les durs chênes porter des pommes d'or; l'aune se couvrir des fleurs du narcisse; l'écorce des tamaris distiller l'ambre onctueux [242]; les hiboux disputer le prix du chant aux cygnes; Tityre [243] être un Orphée;

Orphée être dans les bois; Arion [244] parmi les dauphins. Répète avec moi, ô ma flûte, les vers du Ménale.

Que la mer engloutisse le monde! Adieu, forêts; je vais du sommet de ce rocher à pic me jeter dans les ondes; aie ce dernier gage d'un mourant. Cesse, ô ma flûte, cesse les vers du Ménale.

Ainsi chanta Damon. Vous, dites-nous, Piérides [245], ce que répondit Alphésibée : nous ne sommes pas tous capables de toutes les tâches.

ALPHÉSIBÉE

Apporte de l'eau [246]; entoure cet autel d'une souple bandelette [247]; brûle la grasse verveine et l'encens mâle [248], que j'essaye, par un sacrifice magique, d'égarer les sens de mon amant : rien ne manque plus ici que les charmes magiques. Amenez de la ville, ô mes charmes, amenez chez moi Daphnis.

Les charmes peuvent même faire descendre la lune du ciel [249]; par ses charmes, Circé [250] transforma les compagnons d'Ulysse; à la voix de l'enchanteur, le froid serpent crève dans les prairies [251]. Amenez de la ville, ô mes charmes, amenez chez moi Daphnis.

Tout d'abord je ceins ton image de ces triples fils de diverses couleurs [252] et je le promène trois fois autour de cet autel : la divinité se plaît au nombre impair [253]. Amenez de la ville, ô mes charmes, amenez chez moi Daphnis.

Noue de trois nœuds ces trois fils de couleur, noue-les tout de suite, Amaryllis, et dis : « Je noue les liens de Vénus. » Amenez de la ville, ô mes charmes, amenez chez moi Daphnis.

Comme sous un seul et même feu durcit cette argile et fond cette cire, puisse Daphnis éprouver notre amour [254]! Répands la farine [255] et embrase avec le soufre ces brins de laurier : le méchant Daphnis me brûle, moi je brûle ce laurier pour consumer Daphnis. Amenez de la ville, ô mes charmes, amenez chez moi Daphnis.

Que Daphnis soit en proie au même amour que la génisse, qui, lasse de chercher un jeune taureau à travers les bocages et les hauts bois sacrés, tombe épuisée au bord d'un ruisseau sur l'herbe verte sans songer que la nuit la rappelle à l'étable! Qu'il soit en proie au même amour et me trouve insoucieuse de lui porter remède! Amenez de la ville, ô mes charmes, amenez chez moi Daphnis!

Ces souvenirs [256] que le perfide m'a laissés jadis, gages chéris de son amour, les enfouissant maintenant sous le seuil de cette porte, terre, je te les confie : ces gages doivent me rendre Daphnis. Amenez de la ville, ô mes charmes, amenez chez moi Daphnis!

Ces herbes et ces poisons cueillis dans le Pont [257], Méris [258] lui-même me les a donnés : le Pont est fertile en poisons. J'ai vu, par leur vertu, Méris souvent se changer en loup [259] et se cacher dans les bois, je l'ai vu souvent susciter les âmes du fond de leurs tombeaux et transporter d'un champ dans un autre les moissons [260] qu'on venait de semer. Amenez de la ville, ô mes charmes, amenez chez moi Daphnis.

Porte les cendres dehors, Amaryllis, et jette-les, pardessus ta tête, dans le ruisseau qui court; ne te retourne pas [261]. Je vais essayer ces sortilèges sur Daphnis; mais il n'a cure ni des dieux ni de mes charmes. Amenez de la ville, ô mes charmes, amenez chez moi Daphnis.

Regarde : tandis que je tarde à l'emporter, la cendre d'elle-même enveloppe l'autel de flammes tremblantes. Qu'heureux soit le présage. Je ne sais ce qui se passe au juste, mais Hylax [262] aboie sur le seuil. L'en croirons-nous ? ou ceux qui aiment vivent-ils toujours en des songes ? Cessez, charmes, cessez, Daphnis revient de la ville.

IX

MÉRIS

LYCIDAS, MÉRIS

LYCIDAS

Où portes-tu tes pas, Méris ? Vas-tu à la ville [263], où ce chemin conduit ?

MÉRIS

O Lycidas, n'avons-nous tant vécu que pour voir (ce que nous n'aurions jamais craint) un étranger devenir le propriétaire de notre petit champ et nous dire : « Ceci est à moi; quittez le pays, anciens colons. » Maintenant vaincus et tristes, jouets de la Fortune qui bouleverse tout, nous envoyons ces chevreaux au ravisseur : puisse ce don mal tourner pour lui !

LYCIDAS

J'avais pourtant entendu dire que, depuis l'endroit où les collines commencent [264] à s'abaisser et où leur sommet descend en pente douce, jusqu'à l'eau [265] et au vieux hêtre qui a la cime déjà brisée, votre Ménalque, pour prix de ses vers, avait consacré tous ses biens.

MÉRIS

Tu l'avais entendu dire, et le bruit en a couru : mais nos vers, Lycidas, au milieu des armes de Mars, ont aussi peu de puissance que les colombes de Chaonie [266], lorsque vient l'aigle; et si du creux d'une yeuse, la sinistre corneille [267] ne m'eût averti de couper court à de nouveaux procès par n'importe quel moyen, ni ton cher Méris ni Ménalque lui-même ne vivraient plus.

LYCIDAS

Hélas! peut-on concevoir l'idée d'un si grand crime ? Hélas! nous avons failli nous voir ravir avec toi, Ménalque, notre consolation! Qui aurait chanté les Nymphes, couvert le sol d'herbes fleuries, couronné les fontaines d'un vert ombrage ? Qui aurait fait ces vers que j'ai surpris l'autre jour à ton insu, quand tu te rendais auprès d'Amaryllis, nos amours [268] ? « Tityre, jusqu'à mon retour (la route est courte) fais paître mes chevrettes; au sortir du pâturage, mène-les boire, Tityre; et, en les conduisant, prends garde de rencontrer le bouc : il frappe avec sa corne. »

MÉRIS

Et ces vers donc, qu'inachevés encore, il chantait en l'honneur de Varus [269] : « O Varus, ton nom (si seulement Mantoue nous est conservée, Mantoue trop voisine, hélas! de la malheureuse Crémone [270]) les cygnes [271], dans leurs chants, le porteront très haut vers les astres. »

LYCIDAS

Eh bien! puissent tes essaims fuir les ifs de Corse [272]! puissent tes vaches, nourries de cytise, avoir leurs mamelles gonflées de lait! Commence, si tu sais quelque chose. Moi aussi, les Piérides [273] m'ont fait poète; moi aussi, j'ai fait des vers; moi aussi, les bergers me disent inspiré; mais je ne les crois pas : car nos chansons ne me paraissent dignes ni de Varius ni de Cinna [274], et j'ai l'air d'un oison [275] qui crie au milieu de cygnes mélodieux.

MÉRIS

J'y suis, Lycidas, et je cherche tout bas si je pourrai me rappeler certains vers; voici une petite pièce qui n'est pas dépourvue de talent : « Viens ici, Galatée [276]; pourquoi donc joues-tu dans les ondes ? Ici brille le printemps pourpré; ici la terre borde les fleuves de mille fleurs; ici le peuplier blanc se penche sur ma grotte et de souples vignes l'enlacent de leur berceau. Viens ici : laisse les flots en délire se briser sur la côte! »

LYCIDAS

Et ces vers que je t'avais entendu chanter seul pendant une nuit sereine ? Il me souvient de l'air : si je savais les paroles !

MÉRIS

« Daphnis [277], pourquoi contemples-tu ainsi le lever antique des constellations ? Vois s'avancer l'astre du Dionéen César [278], dont l'influence [279] féconde les moissons et colore les grappes sur les coteaux dorés. Greffe tes poiriers, Daphnis : tes arrière-neveux récolteront tes fruits. »

L'âge emporte tout, même la mémoire. Souvent, il m'en souvient, lorsque j'étais enfant, je passais de longues journées à chanter : maintenant j'ai oublié tous ces vers. Déjà même la voix aussi manque à Méris : les loups ont vu Méris les premiers [280]. D'ailleurs ces chants que tu me demandes, Ménalque souvent te les redira.

LYCIDAS

Avec ces raisons-là, tu traînes mes désirs en longueur. Les flots aplanis [281] font silence pour t'entendre; tous les vents sont tombés; aucun murmure dans l'air. Nous voici juste à mi-chemin, car le tombeau de Bianor [282] commence à apparaître. Chantons ici, Méris, où les laboureurs émondent l'épais feuillage; dépose tes chevreaux ici; nous n'en arriverons pas moins à la ville [283]. Ou, si nous craignons qu'avant notre arrivée la nuit n'amène la pluie, nous pouvons en chantant continuer de marcher (le chemin sera moins pénible). Pour que nous marchions en chantant, je vais te soulager de ce fardeau.

MÉRIS

N'insiste plus, enfant [284], et faisons ce qui nous presse. Nous chanterons mieux, quand il sera arrivé lui-même [285].

X

GALLUS

GALLUS

Sois indulgente, Aréthuse [286], à mon dernier effort. J'ai à adresser quelques vers à mon Gallus [287], mais des vers que puisse lire elle-même Lycoris [288] : qui pourrait refuser des vers à Gallus ? Puisse en retour, quand tu coules sous les flots Sicaniens [289], l'amère Doris [290] ne point mêler son onde aux tiennes! Commence; disons les amours tourmentées de Gallus, tandis que nos chèvres camuses broutent les tendres arbustes. Nous ne chantons pas pour des sourds : tous les coins de la forêt nous répondent.

Quels pâturages ou quels bois vous retinrent, jeunes Naïades, lorsqu'un indigne amour [291] faisait périr Gallus ? car ce ne sont ni les sommets du Parnasse [292] ni ceux du Pinde [293] ni l'Aonienne Aganippe [294] qui alors arrêtèrent vos pas [295]. Les lauriers mêmes, les bruyères mêmes le pleurèrent; en le voyant couché au pied d'un rocher solitaire, le Ménale couvert de pins [296] et les rocs du Lycée glacé [297] le pleurèrent. Les brebis sont autour de lui (nos peines ne les laissent pas insensibles; et toi, divin poète, ne rougis pas de conduire un troupeau : lui aussi, le bel Adonis [298] mena paître des brebis au bord des fleuves). Le berger vint aussi, vinrent les lents porchers, vint Ménalque tout humide de la glandée d'hiver. Tous demandent : « D'où te vient cet amour ? » Apollon vint : « Gallus, quelle est ta folie ? dit-il; Lycoris, ton cher souci, en a suivi un autre à travers les neiges et les camps hérissés. » Vint, lui aussi, Silvain [299], la tête ornée d'attributs champêtres, brandissant des férules en fleur et de grands lis.

Vint Pan, le dieu de l'Arcadie, que nous vîmes nous-mêmes, le visage rougi [300] de vermillon [301] et des baies sanglantes de l'hièble [302] : « Quand donc finiras-tu ? dit-il; l'Amour n'a cure de telles douleurs; le cruel Amour ne se rassasie point de larmes, non plus que les prés de l'eau des ruisseaux ni les abeilles de cytise ni les chevrettes de feuillage. »

Mais lui, toujours triste : « Du moins, Arcadiens, dit-il, vous chanterez mes malheurs à vos montagnes : car seuls vous savez chanter, Arcadiens. O que mollement reposeront mes os, si votre flûte chante un jour mes amours! Et plût aux dieux que j'eusse été l'un de vous, ou le gardien de votre troupeau, ou le vendangeur de la grappe mûrie! Oui, soit que Phyllis [303], soit qu'Amyntas [304] ou tout autre eût été l'objet de mon fol amour (et qu'importe qu'Amyntas soit basané ? Noires aussi sont les violettes [305] et les vaciets [306] sont noirs), il s'étendrait avec moi parmi les saules sous la vigne flexible : Phyllis me cueillerait des guirlandes, Amyntas chanterait.

« Ici sont de fraîches fontaines, ici de molles prairies, Lycoris, ici un bocage : ici avec toi je consumerais mes jours. Mais maintenant un amour insensé me retient sous les armes du cruel Mars [307], au milieu des traits et des coups de l'ennemi. Loin de la patrie (puissé-je ne pas le croire!) ah! cruelle que tu es, tu vois, seule et sans moi, les neiges des Alpes et les frimas du Rhin [308]! Ah! puissent ces frimas ne point te faire de mal! puissent les âpres glaçons ne point couper tes pieds délicats!

« J'irai, et je chanterai sur le pipeau du pâtre de Sicile les chants que j'ai composés en un vers chalcidique [309]. C'est décidé, j'aime mieux souffrir au sein des forêts, au milieu des repaires des bêtes, et graver nos amours sur de tendres arbres : les arbres croîtront, vous croîtrez, mes amours [310]. Cependant je parcourrai le Ménale [311] en me mêlant aux Nymphes ou bien je chasserai les sangliers fougueux; aucun frimas ne saura m'empêcher d'entourer de ma meute les bois du Parthénius [312]. Déjà je crois courir à travers les rochers et les bois sacrés retentissants [313]; je me plais à lancer avec la corne du Parthe [314] les flèches de Cydon [315] : comme si c'était là un remède à notre délire, comme si le dieu [316] se laissait attendrir aux malheurs des humains ! Déjà, à leur tour, ni les Hamadryades [317] ni les chansons elles-mêmes ne nous plaisent plus : vous-mêmes, à votre tour, éloignez-vous, forêts. Nos efforts ne peuvent changer l'Amour ; non point même si, au milieu des frimas, nous allions boire l'eau de l'Hèbre [318] et affronter les neiges Sithoniennes [319] d'un humide hiver ; non point même si, lorsque, mourante, l'écorce se dessèche en haut de l'orme, nous menions paître les brebis d'Ethiopie [320] sous la constellation du Cancer [321]. L'Amour triomphe de tout ; nous aussi, cédons à l'Amour ! »

Il suffira, divines Piérides [322], à votre poète d'avoir chanté ces vers, tandis qu'il est assis et qu'il tresse en corbeille la guimauve flexible [323] : c'est vous qui rendrez ces vers précieux pour Gallus, Gallus, pour qui mon amour s'accroît d'heure en heure, comme, au printemps nouveau, s'élance l'aune verdoyant.

Levons-nous : l'ombre est d'ordinaire dangereuse aux chanteurs, l'ombre du genévrier est dangereuse [324] : les ombres nuisent aussi aux moissons. Allez au bercail rassasiées ; Vesper [325] vient ; allez, mes chevrettes.

LES GÉORGIQUES

LIVRE PREMIER

LE LABOURAGE

Quel art fait les grasses moissons; sous quel astre, Mécène [326], il convient de retourner la terre et de marier aux ormeaux les vignes [327]; quels soins il faut donner aux bœufs, quelle sollicitude apporter à l'élevage du troupeau; quelle expérience à celle des abeilles économes, voilà ce que maintenant je vais chanter.

O vous, pleins de clarté, flambeaux du monde [328], qui guidez dans le ciel le cours de l'année; Liber [329], et toi, alme [330] Cérès [331], si, grâce à votre don, la terre a remplacé le gland de Chaonie [332] par l'épi lourd, et versé dans la coupe de l'Achéloüs [333] le jus des grappes par vous découvertes; et vous, divinités gardiennes des campagnards, Faunes [334], portez ici vos pas, Faunes, ainsi que vous, jeunes Dryades [335] : ce sont vos dons que je chante. Et toi qui, le premier, frappant la terre de ton grand trident, en fis jaillir le cheval frémissant, ô Neptune [336]; et toi, habitant des bocages, grâce à qui trois cents taureaux neigeux broutent les gras halliers de Céa [337]; toi-même, délaissant le paternel bocage et les bois du Lycée [338], Pan, gardeur de brebis [339], si ton Ménale [340] t'est cher, assiste-moi, ô Tégéen [341], et me favorise; et toi, Minerve, créatrice de l'olivier [342]; et toi, enfant, qui nous montras l'areau recourbé [343]; et Silvain, portant un tendre cyprès déraciné [344]; vous tous, dieux et déesses, qui veillez avec soin sur nos guérets, qui nourrissez les plantes nouvelles nées sans aucune semence, et qui du haut du ciel faites tomber sur les semailles une pluie abondante.

Et toi enfin, qui dois un jour prendre place dans les conseils des dieux [345] à un titre qu'on ignore, veux-tu, César, visiter les villes ou prendre soin des terres et voir le vaste univers t'accueillir comme l'auteur des moissons et le maître des saisons, en te ceignant les tempes du myrte maternel [346] ? Ou bien deviendras-tu le dieu de la mer immense, pour que les marins révèrent ta seule divinité, que Thulé aux confins du monde [347] soit soumise à tes lois, et que Téthys [348], au prix de toutes ses ondes, achète l'honneur de t'avoir pour gendre ? Ou bien, astre nouveau, prendras-tu place, aux mois lents dans leur course, dans l'intervalle qui s'ouvre entre Erigone et les Chèles qui la poursuivent [349] ? De lui-même, l'ardent Scorpion pour toi déjà replie ses bras et te cède dans le ciel plus d'espace qu'il n'en faut. Quel que soit ton destin (car le Tartare [350] ne saurait t'espérer pour roi, et ton désir de régner n'irait pas jusque-là, bien que la Grèce admire les Champs Elyséens [351] et que Proserpine n'ait cure de répondre aux appels de sa mère [352]), donne-moi une course facile, et favorise mes hardies entreprises, et, sensible comme moi aux misères des campagnards qui ne savent pas leur route, avance et accoutume-toi, dès maintenant, à être invoqué par des vœux.

Au printemps nouveau, quand fond la glace sur les monts chenus et que la glèbe amollie s'effrite au doux Zéphyr [353], je veux dès lors voir le taureau commencer de gémir sous le poids de la charrue, et le soc resplendir dans le sillon qu'il creuse. La récolte ne comblera les vœux de l'avide laboureur que si elle a senti deux fois le soleil et deux fois les frimas : alors d'immenses moissons feront crouler ses greniers.

Mais avant de fendre avec le fer une campagne inconnue, qu'on ait soin d'étudier au préalable les vents, la nature variable du climat, les traditions de culture et les caractères des lieux, et ce que donne ou refuse chaque contrée. Ici les moissons viennent mieux; là, les raisins; ailleurs les fruits des arbres et les herbages verdoient d'eux-mêmes. Ne vois-tu pas comme le Tmolus [354] nous envoie ses crocus odorants [355] l'Inde son ivoire [356], les mols Sabéens [357] leurs encens, tandis que les Chalybes [358] nus nous donnent le fer, le Pont [359] son fétide baume de castor [360], l'Epire [361] les palmes des cavales d'Elis [362] ? Telles sont les lois et les conditions éternelles que la nature a, dès le début, imposées à des lieux déterminés, lorsqu'aux premiers temps du monde Deucalion [363] jeta sur le globe vide les pierres d'où les hommes naquirent, dure engeance. Courage donc! si le sol est de terre glaise, que dès les premiers mois de l'année de forts taureaux le retournent et que l'été poudreux cuise les mottes exposées aux rayons du soleil; mais si le sol est peu fécond, il suffira d'y tracer, juste au retour de l'Arcture [364], un mince sillon : là, pour que les herbes ne fassent tort aux grasses récoltes; ici, pour que le peu d'eau qui l'humecte abandonne un sable stérile.

Tes blés une fois coupés, tu laisseras la campagne se reposer pendant un an et, oisive, se durcir à l'abandon; ou bien, l'année suivante, tu sèmeras, au changement de saison, l'épeautre doré là où tu auras précédemment récolté un abondant légume à la cosse tremblante, les menus grains de la vesce ou les tiges frêles et la forêt bruissante du triste lupin. Car une récolte de lin brûle la campagne, une récolte d'avoine la brûle, et les pavots la brûlent imprégnés du sommeil Léthéen [365]. Mais pourtant, grâce à l'alternance, le travail fourni par la terre est facile; seulement n'aie point honte de saturer d'un gras fumier le sol aride, ni de jeter une cendre immonde par les champs épuisés. C'est ainsi qu'en changeant de productions les guérets se reposent, et que la terre qui n'est point labourée ne laisse pas d'être généreuse.

Souvent aussi il a été bon d'incendier des champs stériles et de brûler le chaume léger à la flamme pétillante : soit que les terres en retirent des forces secrètes et des sucs nourriciers; soit que tout leur virus soit cuit par le feu et qu'elles suent une humidité inutile; soit que la chaleur dilate des passages en plus grand nombre et des pores invisibles, par où le suc arrive aux plantes nouvelles; soit qu'elle durcisse le sol et en resserre les veines béantes, de façon à empêcher les effets des pluies fines, de l'ardeur d'un soleil dévorant ou des brûlures dues au froid pénétrant de Borée.

De plus, celui qui brise avec le hoyau les mottes inertes et qui fait passer sur elles les herses d'osier, fait du bien aux guérets, et ce n'est pas pour rien que du haut de l'Olympe la blonde Cérès le regarde. Il en va de même de celui qui, en tournant la charrue obliquement, rompt en sens inverse des mottes qu'il a soulevées en creusant le sillon, qui tourmente la terre sans répit et commande aux guérets.

Priez pour avoir des solstices humides et des hivers sereins, ô laboureurs; de la poussière en hiver est signe d'épeautre très abondant, de récolte abondante; c'est ainsi que sans culture la Mysie [366] montre tant de jactance et que le Gargare [367] lui-même admire ses propres moissons.

Que dirai-je de celui, qui, dès les semailles faites, engage la lutte avec le guéret, brise les mottes qui hérissent le sol, puis fait passer sur ses semailles une eau courante et de dociles canaux ? Et, quand le champ brûlé voit les plantes mourir de chaleur, voici que du sommet sourcilleux d'une traverse déclive il fait jaillir l'onde; celle-ci, en tombant sur un lit de cailloux lisses, fait entendre un murmure rauque, et rafraîchit de ses cascades les guérets altérés. Que dirai-je encore de celui qui, pour empêcher que le chaume ne succombe sous le poids des épis, fait paître le luxe de ses moissons, quand elles ne sont encore qu'herbe tendre, dès qu'elles atteignent la hauteur des sillons; ou de celui qui déverse dans le sable avide l'eau stagnante amassée sur ses terres, surtout si pendant les mois douteux [368] le fleuve grossi déborde et couvre tout au loin de son épais limon, en laissant des lagunes profondes d'où s'exhale une tiède vapeur ?

Et cependant, en dépit de tout ce mal que les hommes et les bœufs se sont donné pour retourner la terre, ils ont encore à craindre l'oie vorace, les grues du Strymon [369], l'endive aux fibres amères et les méfaits de l'ombre. Le Père des dieux [370] lui-même a voulu rendre la culture des champs difficile, et c'est lui qui le premier a fait un art de remuer la terre, en aiguisant par les soucis les cœurs des mortels et en ne souffrant pas que son empire s'engourdît dans une triste indolence. Avant Jupiter [371], point de colon qui domptât les guérets; il n'était même pas permis de borner ou de partager les champs par une bordure : les récoltes étaient mises en commun, et la terre produisait tout d'elle-même, librement, sans contrainte. C'est lui qui donna leur pernicieux virus aux noirs serpents, qui commanda aux loups de vivre de rapines, à la mer de se soulever; qui fit tomber le miel des feuilles [372], cacha le feu [373] et arrêta les ruisseaux de vin qui couraient çà et là : son but était, en exerçant le besoin, de créer peu à peu les différents arts, de faire chercher dans les sillons l'herbe du blé et jaillir du sein du caillou le feu qu'il recèle. Alors, pour la première fois, les fleuves sentirent les troncs creusés [374] des aunes [375]; alors le nocher dénombra et nomma les étoiles : les Pléiades [376], les Hyades [377] et la claire Arctos, fille de Lycaon [378]. Alors on imagina de prendre aux lacs les bêtes sauvages, de tromper les oiseaux avec de la glu et d'entourer d'une meute les profondeurs des bois. L'un fouette déjà de l'épervier [379] le large fleuve, dont il gagne les eaux hautes; l'autre traîne sur la mer ses chaluts humides. Alors on connaît le durcissement du fer et la lame de la scie aiguë (car les premiers hommes fendaient le bois avec des coins); alors vinrent les différents arts. Tous les obstacles furent vaincus par un travail acharné et par le besoin pressant en de dures circonstances.

La première, Cérès apprit aux mortels à retourner la terre avec le fer, lorsque déjà manquaient les glands et les arbouses de la forêt sacrée et que Dodone [380] refusait toute nourriture. Bientôt les blés aussi connurent la maladie, telles que la nielle pernicieuse [381], rongeant les chaumes, et le stérile chardon hérissant les guérets; les moissons meurent sous une âpre forêt de bardanes et de tribules, et au milieu de brillantes cultures s'élèvent l'ivraie stérile et les folles avoines. Si avec le hoyau tu ne fais pas une guerre assidue aux mauvaises herbes, si tu n'épouvantes à grand bruit les oiseaux, si la serpe en main tu n'élagues l'ombrage qui recouvre ton champ, si tu n'appelles la pluie par tes vœux, hélas! tu en seras réduit à contempler le gros tas d'autrui et à secouer, pour soulager ta peine, le chêne [382] dans les forêts.

Il nous faut dire maintenant quelles sont les armes propres aux rudes campagnards et sans lesquelles les moissons n'auraient pu être semées ni lever : c'est d'abord le soc et le bois pesant de l'areau recourbé; les chariots à la marche lente de la mère d'Eleusis [383]; les rouleaux [384], les traîneaux [385], les herses au poids énorme, puis le vil attirail d'osier inventé par Célée [386], les claies d'arbousier et le van mystique d'Iacchus [387]. Tels sont les instruments que tu auras soin de te procurer longtemps d'avance, si tu veux mériter la gloire d'une campagne divine [388].

On prend tout de suite dans les forêts un ormeau qu'on ploie de toutes ses forces pour en faire un age [389] et auquel on imprime la forme de l'areau courbe; on y adapte, du côté de la racine [390], un timon qui s'étend de huit pieds en avant [391], deux oreillons [392] et un sep à double revers [393]. On coupe d'avance un tilleul léger pour le joug et un hêtre altier pour le manche, qui, placé en arrière, fait tourner le bas du train : on suspend ces bois au-dessus du foyer et la fumée en éprouve la solidité.

Je puis te rappeler une foule de préceptes des anciens, si tu n'y répugnes pas et ne dédaignes pas de connaître de menus détails.

L'aire avant tout doit être aplanie avec un grand cylindre, retournée avec la main et durcie avec une craie tenace, de peur que les herbes n'y poussent ou que, vaincue par la poussière, elle ne se fende, et qu'alors des fléaux de toute sorte ne se jouent de toi : souvent le rat menu a établi ses demeures et creusé sous terre ses greniers; ou encore les taupes aveugles [394] y ont creusé leurs tanières; on y surprend en ses trous le crapaud et toutes les bêtes étranges que la terre produit; un énorme tas d'épeautre est dévasté par les charançons ou par la fourmi craignant la gêne pour sa vieillesse [395].

Observe aussi l'amandier, lorsqu'il se revêtira de fleurs dans les bois et courbera ses branches odorantes : si les fruits surabondent, le blé suivra de même, et avec les grandes chaleurs il y aura à battre une grande récolte; mais si un vain luxe de feuilles donne une ombre excessive, l'aire ne broiera que des chaumes riches en paille.

J'ai vu bien des gens traiter leurs semences en l'arrosant au préalable de nitre [396] et de marc noir, pour que le grain fût plus gros dans ses cosses trompeuses et plus prompt à s'amollir même à petit feu. J'ai vu des semences, choisies à loisir et examinées avec beaucoup de soin, dégénérer pourtant, si chaque année on n'en triait à la main les plus belles : c'est une loi du destin que tout périclite et aille rétrogradant. Tout de même que celui qui, à force de rames, pousse sa barque contre le courant, si par hasard ses bras se relâchent, l'esquif saisi par le courant l'entraîne à la dérive.

En outre, nous devons observer la constellation de l'Arcture [397], le temps des Chevreaux [398] et le Serpent lumineux [399] avec le même soin que les voyageurs qui, regagnant leur patrie à travers des mers orageuses, affrontent le Pont [400] et les passes ostréifères d'Abydos [401].

Quand la Balance [402] aura rendu égales les heures du jour et celles du sommeil, et partagé le globe par moitié entre la lumière et les ombres, exercez vos taureaux, laboureurs, semez l'orge dans les campagnes jusqu'à l'époque des pluies de l'intraitable solstice [403]. C'est aussi le moment de mettre en terre la graine de lin et le pavot de Cérès [404], et de rester penchés sur vos charrues aussi longtemps que la terre sèche le permet et que les nuées demeurent en suspens.

C'est au printemps qu'a lieu la semaille des fèves; c'est alors aussi que t'accueillent, ô Médique [405], les sillons amollis, et qu'on place la culture annuelle du millet, quand l'éblouissant Taureau aux cornes dorées ouvre l'année [406] et que, cédant le champ à l'astre adverse [407], le Chien se couche [408].

Mais si tu travailles le sol pour récolter le froment ou le robuste épeautre, si tu ne vises que les épis seuls, attends la disparition des Atlantides Aurorales [409], attends que l'étoile de Gnosse à l'ardente Couronne [410] se retire [411], pour jeter aux sillons les semences qu'ils réclament et confier hâtivement à une terre rebelle l'espérance de l'année. Beaucoup ont commencé avant le coucher de Maia [412], mais la récolte a trompé leur attente en ne leur donnant que des épis vides. Si au contraire tu sèmes la vesce et la vile faséole [413], si tes soins ne dédaignent pas la lentille de Péluse [414], le coucher du Bouvier [415] t'enverra des signes non obscurs : commence tes semailles et continue-les jusqu'au milieu des frimas.

Voilà pourquoi le Soleil d'or, par les douze astres du monde [416], régit l'univers divisé en tranches déterminées. Cinq zones embrasent le ciel [417] : l'une toujours rougeoyante de l'éclat du soleil et toujours brûlée par son feu; autour d'elle, à droite et à gauche, s'étendent les deux zones extrêmes, couvertes de glace bleuâtre et où tombent des pluies noires; entre elles et la zone médiane, deux autres ont été concédées aux malheureux mortels par la faveur des dieux, et une route les coupe l'une et l'autre par où tourne l'ordre oblique des Signes [418]. Si la voûte céleste monte vers la Scythie et les contreforts des Riphées [419], elle s'abaisse et descend vers les autans de la Libye. L'un de ces pôles est toujours au-dessus de nos têtes; l'autre est sous nos pieds, vis-à-vis du Styx noir et des profondeurs où vont les Mânes. Ici l'immense Serpentaire [420] monte et glisse en replis sinueux, passe, à la façon d'un fleuve, autour et au travers des deux Ourses, des Ourses craignant de se tremper dans la plaine liquide [421]. Là-bas, si l'on en croit ce qu'on raconte, règne une nuit d'éternel silence, et les ténèbres y sont épaissies par le voile de la nuit; ou bien l'Aurore, en nous quittant, y ramène le jour, et quand le soleil levant nous fait sentir le souffle de ses chevaux haletants, là-bas Vesper rougissant allume des feux tardifs.

De là vient que nous pouvons, même par un ciel douteux, connaître d'avance les saisons, distinguer le temps de la moisson et le temps des semailles; quand il convient de fendre avec les rames le marbre perfide des flots [422], ou de lancer des flottes armées, ou de déraciner à propos le pin dans les forêts. Ce n'est pas en vain non plus que nous observons le coucher et le lever des astres et les diverses saisons qui se partagent également l'année.

Si d'aventure une pluie froide retient le cultivateur chez lui, il peut faire à loisir bien des ouvrages qu'il lui faudrait plus tard hâter par un ciel serein : le laboureur martèle le dur tranchant du soc émoussé; il creuse des nacelles [423] dans un arbre, ou marque son bétail, ou numérote ses tas de blé. D'autres aiguisent des pieux et des échalas fourchus [424] et préparent, pour la vigne flexible, des liens d'Amérie [425]. Il faut tantôt tresser une molle corbeille avec la baguette des ronces, tantôt griller les grains au feu, tantôt les broyer avec une pierre. Oui, même aux jours de fête, il est des travaux auxquels les lois divines et humaines permettent de se livrer; jamais la religion n'a défendu de détourner le cours des ruisseaux, de border la moisson d'une haie, de tendre des pièges aux oiseaux, d'incendier les broussailles et de plonger dans une onde salutaire un troupeau de moutons bêlants. Souvent le conducteur d'un ânon qui s'attarde charge les flancs de l'animal d'huile ou de fruits grossiers, et rapporte, à son retour de la ville, une pierre incuse [426] ou une masse de poix noire.

La Lune elle-même a mis dans son cours les jours favorables à tels ou tels travaux. Evite le cinquième [427] : c'est lui qui a vu naître le pâle Orcus [428] et les Euménides [429]; c'est alors que dans un abominable enfantement la Terre créa Cée et Japet [430], et le farouche Typhée [431] et les frères qui avaient juré de forcer le ciel [432]. Trois fois ils s'efforcèrent de mettre Ossa sur Pélion, et de rouler sur Ossa l'Olympe [433] feuillu; trois fois le Père [434], de sa foudre, jeta bas les monts entassés. Le septième jour est après le dixième le plus favorable pour planter la vigne, dresser les taureaux qu'on a pris, et mettre de nouvelles lices [435] à la chaîne; le neuvième est propice à la fuite, contraire aux larcins.

Beaucoup de travaux nous sont rendus plus faciles par la fraîcheur de la nuit ou par la rosée dont, au lever du soleil, l'Aurore humecte les terres. La nuit, les éteules légères sont plus faciles à faucher, les prairies desséchées se fauchent mieux; la nuit, l'humidité qui assouplit les plantes ne fait jamais défaut. Tel veille aussi aux feux tardifs d'une lumière d'hiver, et, un fer pointu à la main, taille des torches en forme d'épis; cependant, charmant par ses chansons l'ennui d'un long labeur, sa compagne fait courir un peigne crissant sur les toiles, ou cuire la douce liqueur du moût aux flammes de Vulcain, et écume avec des feuilles l'onde du chaudron qui bout.

Mais c'est en pleine chaleur qu'on coupe la rubiconde Cérès [436] et c'est en pleine chaleur que l'aire broie les moissons mûries. Mets-toi nu pour labourer, mets-toi nu pour semer : l'hiver, le cultivateur se repose. Pendant les froids, les laboureurs jouissent d'ordinaire du fruit de leurs travaux, en donnant tour à tour de gais festins entre eux. L'hiver aux bons génies [437] les régale et chasse leurs soucis : ainsi quand les carènes chargées ont enfin touché le port, les matelots joyeux mettent sur les poupes des couronnes. Mais pourtant c'est aussi le moment, alors, de cueillir les glands du chêne, et les baies du laurier, et l'olive, et la myrtille sanglante; c'est le moment de tendre des pièges aux grues, des rets aux cerfs, de poursuivre les lièvres aux longues oreilles; le moment d'abattre les daims en faisant tournoyer les lanières d'étoupe de la fronde chère aux Baléares [438], tandis qu'une neige épaisse couvre la terre et que les fleuves charrient des glaçons.

Que dirai-je des tempêtes et des constellations de l'automne [439], et, quand déjà le jour est plus court et l'été plus doux, des soins que les gens doivent prendre, ou quand se déchaîne le printemps porteur de pluies, qu'une moisson d'épis déjà hérisse la plaine, et que les grains laiteux du blé se gonflent sur leur tige verte ? Souvent, quand le cultivateur introduisait le moissonneur dans les guérets dorés et coupait déjà les orges à la tige frêle, j'ai vu moi-même tous les vents se livrer des combats si terribles qu'ils déracinaient et faisaient voler au loin dans les airs la lourde moisson, et l'ouragan emporter alors dans un noir tourbillon le chaume léger et les feuilles volantes. Souvent aussi une immense traînée d'eaux s'avance dans le ciel et un cortège de nuées venu de la haute mer recèle l'affreuse tempête aux sombres pluies; le haut éther fond, et noie dans un déluge énorme les riches semailles et les travaux des bœufs; les fossés se remplissent, le lit des fleuves s'enfle en mugissant, et la plaine liquide bouillonne en ses abîmes soulevés. Le Père [440] lui-même, au sein de la nuit des nuées, lance ses foudres d'une dextre flamboyante; sous la secousse la terre immense tremble, les bêtes se sont enfuies, et une consternation effroyable a abattu les cœurs des mortels. Lui, de son trait enflammé, renverse l'Athos [441] ou le Rhodope [442] ou les sommets Cérauniens [443]; les autans redoublent, la pluie tombe dru; tantôt les bois, tantôt les rivages retentissent sous les coups de l'ouragan énorme. Par crainte de ces maux, observe les mois du ciel et les astres, l'endroit où se retire la froide étoile de Saturne [444], et les cercles du ciel où erre le feu de Cyllène [445].

Avant tout, honore les dieux, et offre à la grande Cérès un sacrifice annuel [446] en accomplissant les rites sur de gras herbages, quand le déclin de l'extrême hiver fait déjà place au printemps serein. Alors les agneaux sont gras, et les vins très moelleux; alors le sommeil est doux et les ombres sont épaisses sur les montagnes. Qu'avec toi toute la jeunesse champêtre [447] adore Cérès, mêle en son honneur des rayons de miel à du lait et au doux Bacchus; que la victime propitiatoire [448] fasse trois fois le tour des moissons nouvelles; que tout le chœur et tes compagnons l'accompagnent avec allégresse et appellent par leurs cris Cérès dans ta demeure; et que personne enfin ne porte la faucille sur les épis mûrs avant d'avoir en l'honneur de Cérès [449], les tempes ceintes d'une couronne de chêne [450], célébré les danses sans art et chanté les cantiques.

Et pour que nous puissions connaître à des signes certains les chaleurs, et les pluies, et les vents précurseurs du froid, le Père [451] lui-même a déterminé ce qu'annonceraient les phases de la lune, quel signe marquerait la chute des autans, quels indices souvent répétés engageraient les cultivateurs à tenir leurs troupeaux plus près des étables.

Tout d'abord, quand les vents se lèvent, les eaux de la mer commencent, agitées, à s'enfler, et un bruit sec à se faire entendre sur le sommet des monts; ou bien les rivages commencent à retentir au loin sous les vagues qui se heurtent et le murmure des bois ne cesse de grandir. Déjà l'onde n'épargne qu'à regret les carènes courtes : c'est alors que les plongeons s'envolent à tire-d'aile du milieu de la plaine liquide et frappent les rivages de leurs cris, c'est alors que les foulques marines se jouent sur la côte, et que le héron quitte ses marais familiers pour survoler la hauteur d'un nuage. Souvent aussi, quand le vent menace, tu verras des étoiles, précipitées du ciel, glisser et, derrière elles, dans l'ombre de la nuit, laisser de longues traînées de flammes blanchissantes; souvent tu verras voltiger la paille légère et les feuilles qui tombent, ou des plumes flotter en se jouant à la surface de l'eau. Mais quand la foudre éclate du côté du farouche Borée [452], et quand tonne la demeure d'Eurus [453] et de Zéphyr [454], toutes les campagnes baignent à pleins fossés, et tout marin en mer cargue ses voiles humides. Jamais pluie n'a surpris les gens à l'improviste : en la voyant surgir dans le fond des vallées, les grues ont fui dans les airs; ou la génisse, les yeux levés vers le ciel, a humé les brises de ses larges naseaux; ou l'hirondelle, avec des cris aigus, a voltigé autour des lacs; et les grenouilles, dans leur vase, ont chanté leur antique complainte [455]. Assez souvent aussi la fourmi, foulant un chemin étroit, a tiré ses œufs de ses demeures profondes; un énorme arc-en-ciel a bu l'eau [456]; et, revenant de la pâture en une longue colonne, une dense armée de corbeaux a fait claquer ses ailes. On voit aussi les divers oiseaux de mer, et ceux qui, hôtes des étangs d'eau douce, fouillent çà et là les prés asiatiques du Caystre [457], répandre à l'envi sur leurs épaules les eaux de pluie abondantes, et tantôt présenter leur tête aux flots, tantôt s'élancer dans les ondes, brûlant d'une envie folle de s'y plonger toujours. Alors la corneille importune appelle la pluie à pleine voix et toute seule se promène sur le sable sec.

Les jeunes filles elles-mêmes, en tournant la nuit leurs fuseaux, ne sont pas sans connaître l'approche de l'orage, quand elles voient l'huile scintiller dans la lampe d'argile et la mèche charbonneuse se couvrir de noirs champignons.

A des signes non moins certains, tu pourras, pendant la pluie, prévoir et reconnaître le retour du soleil et des beaux jours. Car alors l'éclat des étoiles ne semble point pâli ni la Lune à son lever emprunter sa lumière aux rayons de son frère [458]; on ne voit pas non plus de minces flocons de laine être emportés à travers le ciel; les alcyons chers à Thétis [459] ne déploient pas leurs plumes sur le rivage aux rayons d'un tiède soleil, et les porcs immondes ne songent plus à mettre en pièces avec leurs groins et à éparpiller des bottes de foin. Mais les brouillards descendent toujours plus bas et s'étendent sur la plaine; et, observant du haut d'une terrasse le coucher du soleil, le hibou, vainement, exécute son chant tardif. Très haut, dans l'air translucide, apparaît Nisus, et Scylla [460] est punie pour le cheveu de pourpre; de quelque côté qu'elle s'enfuie, en fendant l'éther léger de ses ailes, voici qu'ennemi acharné, Nisus à grand fracas la poursuit dans les airs; partout où Nisus s'élance dans les airs, elle s'enfuit en fendant rapidement l'éther léger de ses ailes. Alors les corbeaux, le gosier serré, répètent trois et quatre fois des notes claires, et souvent, au haut de leurs couches, en proie à je ne sais quels transports d'une douceur insolite, ils mènent grand fracas entre eux dans le feuillage; heureux sans doute, quand les pluies sont passées, de revoir leur petite progéniture et leurs doux nids. Non pas que je croie que la divinité leur ait départi une intelligence ni le destin une prévoyance supérieure à la nôtre; mais quand la température et la mobile humidité du ciel ont pris un nouveau cours, quand Jupiter [461] mouillé par les autans tantôt condense ce qui était tout à l'heure léger, tantôt relâche ce qui était dense, les dispositions des âmes se trouvent transformées, et les cœurs éprouvent alors des émotions tout autres que quand le vent poussait les nuées : de là le concert des oiseaux dans les champs, la joie des bêtes et les cris de triomphe que poussent les corbeaux.

Si tu observes le soleil dévorant et les phases successives de la lune, jamais le temps du lendemain ne te trompera, ni jamais tu ne te laisseras prendre aux pièges d'une nuit sereine. Quand la lune rassemble d'abord ses feux renaissants, si sa corne obscurcie embrasse un air noir, c'est une immense pluie qui va se préparer pour les laboureurs et pour la mer; mais si elle revêt son front d'une rougeur virginale [462], il y aura du vent : le vent fait toujours rougir l'or de Phébé. Si à son quatrième lever (car c'est là le plus sûr présage), elle est pure et parcourt le ciel sans que ses cornes soient émoussées, ce jour tout entier et ceux qui en naîtront jusqu'à la fin du mois se passeront sans vent ni pluies, et les marins sauvés acquitteront sur le rivage les vœux faits à Glaucus [463], à Panopée [464] et à l'Inoen Mélicerte [465].

Le soleil aussi, et à son lever, et lorsqu'il se cachera dans les ondes, donnera des pronostics : le soleil s'accompagne d'infaillibles pronostics, qu'il les offre le matin ou à l'heure où se lèvent les astres. Quand son disque naissant sera semé de taches et caché dans une nuée qui en dérobe la moitié, attends-toi à des pluies : car de la haute mer menace le Notus [466], funeste aux arbres, aux semailles et au bétail. Ou bien, lorsqu'au point du jour parmi d'épais brouillards, ses rayons divergents se brisent, ou que l'Aurore sortira toute pâle de la couche crocéenne de Tithon [467], hélas! le pampre alors aura du mal à défendre les douces grappes contre la grêle épaisse qui saute en crépitante averse sur les toits!

Mais plus encore, c'est quand, parvenu au terme de sa carrière, le soleil va quitter l'Olympe [468], qu'il est utile de faire attention : car nous voyons souvent diverses couleurs errer sur sa face : le bleu sombre annonce la pluie; la couleur feu, les Eurus [469]; mais si des taches commencent à se mêler à ce feu rougeoyant, tu verras alors toute la nature agitée d'un coup par le vent et les nuées pluvieuses. Il n'est personne, par une telle nuit, qui se déciderait à gagner le large ni à détacher le câble de la terre. Mais si, lorsqu'il nous ramène ou nous retire le jour, son disque brille radieux, la frayeur que t'inspireront les nuages sera vaine, et tu verras les forêts s'agiter sous un clair [470] Aquilon. Enfin quel temps amènera le tardif Vesper, d'où le vent pousse les nuages sereins, à quoi songe l'humide Auster : voilà ce que le soleil t'indiquera.

Le soleil! qui oserait le traiter d'imposteur? Lui, qui nous avertit souvent que d'obscurs tumultes nous menacent et que couvent sourdement la trahison et les guerres!

Lui qui eut pitié de Rome à la mort de César, quand il couvrit sa tête brillante d'une sombre rouille [471], et qu'un siècle impie redouta une nuit éternelle. En ce temps-là d'ailleurs la terre aussi, et les plaines de la mer, et les chiennes maléficieuses et les oiseaux sinistres fournissaient des présages. Que de fois nous avons vu l'Etna [472], brisant ses fournaises, inonder en bouillonnant les champs des Cyclopes, et rouler des globes de flammes et des rocs liquéfiés! La Germanie entendit un bruit d'armes dans toute l'étendue du ciel [473]; les Alpes tremblèrent de mouvements insolites. Une voix aussi fut entendue partout dans le silence des bois sacrés, une voix énorme; et des fantômes d'une étrange pâleur apparurent à l'entrée de la nuit; et des bêtes parlèrent, indicible prodige! Les fleuves s'arrêtent et les terres s'entrouvrent, et dans les temples l'ivoire affligé pleure et l'airain sue. Le roi des fleuves, l'Eridan [474], entraîne et fait tourner les forêts dans un fol tourbillon, et roule à travers toutes les plaines les grands troupeaux avec leurs étables! Et dans le même temps des fibres [475] menaçantes ne cessèrent d'apparaître dans les entrailles [476] sinistres, ni le sang ne cessa de couler dans les puits, ni les hautes villes de retentir pendant la nuit des hurlements des loups. Jamais la foudre ne tomba plus souvent par un ciel serein, ni ne brûlèrent si souvent de farouches comètes [477].

Ainsi Philippes a-t-il vu pour la seconde fois [478] les armées romaines l'affronter avec les mêmes armes [479], et les dieux d'en haut ne s'indignèrent pas de voir l'Emathie[480] et les larges plaines de l'Hémus[481] s'engraisser deux fois de notre sang. Sans doute aussi un temps viendra-t-il que, dans ces contrées, le laboureur, en remuant la terre avec l'airain courbé, trouvera des javelots rongés d'une rouille lépreuse ou, de ses herses pesantes, qu'il heurtera des casques vides, et s'étonnera de voir dans les sépulcres entrouverts des ossements énormes[482].

Dieux de nos pères, dieux Indigètes[483], et toi[484] Romulus[485], et toi Vesta notre mère[486], qui veilles sur le Tibre toscan[487] et sur le Palatin de Rome[488], n'empêchez pas au moins ce jeune héros[489] de relever les ruines de ce siècle. Assez, et depuis trop longtemps, notre sang a lavé les parjures de la Troie Laomédontienne[490]. Depuis longtemps, César, le palais céleste nous envie ta présence, et se plaint de te voir sensible aux triomphes décernés par les hommes[491]. Ici-bas en effet le juste et l'injuste sont renversés, tant il y a de guerres par le monde, tant le crime revêt d'aspects divers. La charrue ne reçoit plus l'honneur dont elle est digne; les guérets sont en friche, privés des laboureurs entraînés dans les camps; et les faulx recourbées servent à forger une épée rigide. D'un côté l'Euphrate[492], de l'autre la Germanie[493] fomentent la guerre; des villes voisines, rompant les traités qui les lient, prennent les armes[494]; Mars impie sévit dans tout l'univers. Tels, quand ils se sont une fois élancés des barrières, les quadriges se donnent du champ; en vain le cocher tire sur les rênes; il est emporté par ses chevaux et le char n'obéit plus aux brides.

LIVRE DEUXIÈME

LES ARBRES ET LA VIGNE

Jusqu'ici j'ai chanté les guérets et les constellations du ciel; maintenant c'est toi, Bacchus [495], que je m'en vais chanter, et, avec toi, les plants des forêts et les fruits de l'olivier si lent à croître. Viens ici, ô père Lénéen [496] (ici tout est plein de tes bienfaits; en ton honneur, alourdi des pampres de l'automne [497] le champ s'empourpre, et la vendange écume à pleins bords), viens ici, ô père Lénéen, et, détachant le cothurne [498] de tes jambes nues, rougis-les avec moi dans le moût nouveau.

D'abord la nature a des modes variés pour produire les arbres. En effet les uns, sans y être contraints de la part des hommes, poussent d'eux-mêmes et couvrent au loin les plaines et les sinueuses vallées : tels le souple osier et les genêts flexibles, le peuplier et les saulaies blanchâtres au glauque feuillage. Mais d'autres naissent d'une semence qui s'est posée à terre, comme les hauts châtaigniers, comme le rouvre, géant des forêts, qui offre ses frondaisons à Jupiter, et comme les chênes qui, au dire des Grecs, rendent des oracles [499]. D'autres voient pulluler de leurs racines une épaisse forêt de rejetons, comme le cerisier [500] et l'orme; c'est ainsi que le laurier du Parnasse [501] abrite sa tige naissante sous l'ombrage immense de sa mère. Tels sont les procédés qu'a d'abord donnés la nature, ceux qui font verdoyer toute la race des forêts, des vergers et des bois sacrés.

Il en est d'autres que l'expérience a fait découvrir. L'un, détachant des plants du corps tendre de leurs mères les a déposés dans les sillons; l'autre enfouit dans son guéret des souches, des scions à quatre fentes et des pousses au rouvre effilé. D'autres habitants des forêts demandent qu'on courbe en arc leurs rejets et qu'on en plante les boutures dans leur propre terre [502]. D'autres n'ont pas besoin de racines et l'émondeur n'hésite pas à rendre avec confiance à la terre les rameaux de la cime. Mieux encore : d'un bois sec, que le fer a dépouillé de ses branches, l'olivier — étonnant prodige! — pousse des racines. Souvent même nous voyons les rameaux d'un arbre se changer impunément en ceux d'un autre arbre, et le poirier métamorphosé porter des pommes dues à la greffe et les cornouilles pierreuses rougir sur les pruniers.

Au travail donc, ô cultivateurs! apprenez les procédés de cultures propres à chaque espèce; adoucissez, en les cultivant, les fruits sauvages; que vos terres ne restent pas en friche. Il y a plaisir à planter Bacchus [503] sur l'Ismare [504] et à vêtir d'oliviers le grand Taburne [505]. Et toi, viens à mon aide et parcours avec moi la carrière commencée, ô ma gloire, ô toi à qui je dois la plus grande part de ma renommée, Mécène, déploie nos voiles et vole sur la mer libre. Je ne souhaite pas de tout embrasser dans mes vers; non, quand j'aurais cent langues, cent bouches et une voix de fer. Viens à mon aide et longe le bord de la côte; les terres sont à la portée de nos mains : je ne te retiendrai pas ici par des fictions de poète ni par de vains ambages et de longs exordes.

Les arbres qui s'élèvent d'eux-mêmes aux bords de la lumière sont inféconds, il est vrai, mais ils croissent, épanouis et forts, parce que leur vertu naturelle tient au sol. Cependant, si eux-mêmes on les greffe et qu'on les confie, en les transplantant, à des fosses bien ameublies, ils dépouilleront bientôt leur naturel sauvage et, cultivés avec soin, se plieront sans tarder à tous les artifices que l'on voudra. Il n'est jusqu'au rejeton stérile sorti du bas des racines qui ne fasse de même, si on le plante en ligne dans des champs où il ait de l'espace. Pour l'instant ce sont les hautes frondaisons et les rameaux maternels qui l'étouffent, l'empêchent d'avoir des fruits pendant sa croissance, les brûlent quand il en porte.

Quant à l'arbre qui naît d'une semence confiée à la terre, il vient lentement et réserve son ombre pour nos arrière-neveux; ses fruits dégénèrent, oubliant leurs sucs primitifs, et la vigne porte de méchants raisins qui deviennent la proie des oiseaux.

C'est que tous les arbres exigent une dépense de soins, que tous demandent à être dressés en pépinière et domptés à grands frais. Mais les oliviers s'accommodent mieux des tronçons, la vigne de provins, le myrte cher à la Paphéenne [506] de toute une branche; c'est de surgeons que naissent les durs coudriers, et le frêne énorme, et l'arbre ombreux dont Hercule se tressa une couronne [507], et le chêne à glands du Père Chaonien [508]; c'est de surgeons encore que naissent le palmier qui s'élance dans les airs, et le sapin destiné à voir les périls de la mer. Mais on ente sur l'arbousier épineux le bourgeon de l'amandier; les stériles platanes se transforment en vigoureux pommiers; les hêtres en châtaigniers, et l'orne blanchit de la fleur chenue du poirier, et les porcs broient le gland sous les ormes.

Il n'est pas qu'une manière de greffe en fente ou en écusson. Car, à l'endroit où des bourgeons sortent du milieu de l'écorce et en crèvent les tuniques légères, on fait dans le nœud même une entaille étroite, et l'on y introduit une pousse prise à un arbre étranger, qu'on apprend à se développer dans le liber [509] humide [510]. Ou bien, au contraire, on incise des troncs sans nœuds, et, avec des coins, on pratique en plein bois une ouverture profonde, puis on y enfonce les jets qui doivent le féconder; en peu de temps un grand arbre aux rameaux fertiles s'élève vers le ciel et s'étonne de voir son nouveau feuillage et ses fruits qui ne sont pas les siens.

En outre il y a plus d'une espèce pour les ormes robustes, pour les saules et le lotus, pour les cyprès de l'Ida [511]. Les gras oliviers ne naissent pas tous sous la même forme : il y a les orchades[512], les verges[513], la pausie[514] à la baie amère. Ainsi des fruits et des vergers d'Alcinoüs[515], et le même surgeon ne produit point les poires de Crustumium[516], de Syrie[517], et celles qui sont trop grosses pour la main. La vendange qui pend à nos arbres n'est pas la même que celle que Lesbos cueille sur le sarment de Méthymne[518]. Il y a des vignes de Thasos[519]; il y a aussi les vignes blanches du lac Maréotis[520]; celles-ci conviennent aux terres fortes, celles-là à des terres plus légères; il y a aussi le Psithie[521], qui vaut mieux pour le vin de liqueur, et le subtil Lagéos[522], qui un beau jour rendra titubantes les jambes du buveur et qui lui enchaînera la langue; il y a les vignes purpurines, les précoces, mais où trouver des vers dignes de toi, ô Rhétique[523] ? (Ne prétends pas pourtant le disputer aux celliers de Falerne[524].) Il y a aussi les vignes d'Aminée[525], vins pleins de corps auxquels le cèdent le Tmolus[526] et le Phanée[527] lui-même, roi des vignobles; et le petit Argitis[528], sans rival soit pour donner autant de jus, soit pour durer autant d'années. Je ne saurais non plus te passer sous silence, toi qu'au second service les dieux accueillent, ô vin de Rhodes[529], ni toi, Bumaste[530], aux raisins gonflés. Mais il est impossible d'énumérer toutes les espèces de vins et les noms qu'ils portent; et cette énumération d'ailleurs importe peu. Vouloir en savoir le nombre[531], c'est vouloir connaître combien de grains de sable le Zéphyr soulève dans la plaine de Libye, ou combien de flots, dans la mer Ionienne, se brisent sur les rivages, quand l'Eurus fond avec violence sur les navires.

Au reste toute terre ne peut porter toute espèce de plantes. Les saules naissent sur les fleuves, et les aulnes dans les marais bourbeux; les ornes stériles sur les monts rocailleux, les forêts de myrtes abondent sur les côtes; enfin Bacchus[532] aime les collines découvertes, et les ifs l'Aquilon et les frimas. Regarde aussi jusqu'aux extrémités du monde soumis à la culture, depuis les demeures de l'Aurore[533] habitées des Arabes jusque chez les Gélons bariolés[534] : chaque arbre a sa patrie. L'Inde est seule à produire le noir ébénier [535], les Sabéens [536] sont seuls à voir naître la tige qui porte l'encens. Te parlerai-je du bois odorant qui distille le baume, et des baies de l'acanthe toujours verte ? Des bois des Ethiopiens qui blanchissent sous un mol duvet [537] ? De la façon dont les Sères [538] enlèvent aux feuilles à coup de peignes leur menue toison ? Ou des bois sacrés que l'Inde porte près de l'Océan, aux extrêmes confins du monde, où jamais aucune flèche n'a pu atteindre d'un jet l'air qui baigne le sommet d'un arbre; et pourtant ce peuple n'est pas en retard lorsqu'il a le carquois à la main. La Médie produit cette pomme salutaire [539] dont les sucs amers et la saveur persistante composent une vertu sans pareille pour chasser des membres de la victime le noir poison que de cruelles marâtres ont versé dans une coupe, en y mêlant des herbes et des paroles maléficieuses. L'arbre lui-même est énorme et d'aspect ressemble fort au laurier; et, s'il ne répandait pas au loin une tout autre odeur, ce serait un laurier; ses feuilles ne cèdent à aucun vent, sa fleur est entre toutes tenace; les Mèdes s'en servent contre la mauvaise haleine [540], et la donnent comme remède aux vieillards asthmatiques.

Mais ni la terre des Mèdes, si riche en forêts, ni le beau Gange, ni l'Hermus dont l'or trouble les eaux [541] ne sauraient le disputer en louanges à l'Italie; non plus que Bactres [542] ni l'Inde ni la Panchaïe [543], toute couverte de sables riches d'encens. Ce pays-ci n'a point vu de taureaux soufflant du feu [544] par leurs naseaux le retourner pour y semer les dents d'une hydre monstrueuse, ni une moisson de casques et de piques drues de guerriers hérisser ses campagnes. Mais les épis y sont lourds et la liqueur de Bacchus, le Massique [545], y abonde; le pays est couvert d'oliviers et de grands troupeaux prospères. D'ici, le cheval belliqueux, tête haute, s'élance dans la plaine; de là, tes blancs troupeaux, Clitumne [546], et le taureau, la plus grande des victimes, souvent, après s'être baignés dans ton fleuve sacré, conduisirent aux temples des dieux les triomphes romains. Ici règne un printemps continuel, et l'été en des mois qui lui sont étrangers; deux fois les brebis y sont pleines, deux fois l'arbre y produit des fruits. De plus, on n'y voit point les tigres féroces ni la race cruelle des lions; des aconits n'y trompent pas les malheureux qui les cueillent; un écailleux serpent n'y traîne pas sur le sol ses immenses anneaux ni par une contraction ne ramasse son corps en spirale. Ajoutez tant de villes incomparables, tant de travaux de construction, tant de places bâties par la main des hommes sur des rochers à pic, et ces fleuves baignant le pied d'antiques murailles. Rappellerai-je la mer qui la baigne au nord [547], et celle qui la baigne au sud [548] ? ou encore ses grands lacs ? Toi, Larius [549], le plus grand, et toi, Benacus [550], dressant tes flots et frémissant comme la mer ? Rappellerai-je nos ports [551], et les digues ajoutées [552] au Lucrin, et la mer indignée avec ses sifflements énormes aux lieux où l'onde Julienne résonne du bruit des flots qu'elle refoule au loin, et où la vague Tyrrhénienne s'élance aux eaux de l'Averne ? Ce même pays nous a montré [553] dans ses veines des filons d'argent et des mines d'airain, et a roulé dans ses fleuves de l'or en abondance. C'est lui qui a produit une race d'hommes ardente, les Marses [554], et la jeunesse Sabellienne [555], et le Ligure [556] endurci à la fatigue et les Volsques [557] armés de dagues; c'est lui qui a produit les Décius [558], les Marius [559], les grands Camille [560], les Scipions durs à la guerre [561], et toi, le plus grand de tous, César [562], qui, déjà vainqueur aux extrêmes confins de l'Asie [563], repousses maintenant des citadelles romaines un Indien désarmé [564]. Salut, grande mère de récoltes, terre de Saturne [565], grande mère de héros! C'est pour toi que j'entreprends de célébrer l'art antique qui a fait ta gloire [566], osant rouvrir les fontaines sacrées [567], et que je chante le poème d'Ascra [568] par les villes romaines [569].

C'est maintenant le lieu de parler des qualités des terrains, de dire quelle est la force, la couleur propre à chacun d'eux et quelle influence a leur nature sur les productions. D'abord les terres difficiles et les méchantes collines, où l'argile est mince et où le caillou abonde dans les broussailles du sol, aiment la silve palladienne du vivace olivier [570]. La preuve en est dans le grand nombre des oliveraies qui croissent sans culture dans ce même lieu, et dans les champs jonchés de leurs baies sauvages. Mais une terre qui est grasse et vivifiée d'une douce humidité, une plaine couverte d'herbes et où tout annonce la fécondité (tel que nous voyons souvent au pied d'une montagne s'étendre une vallée arrosée par les eaux qui tombent du sommet des rochers et charrient un fertile limon), si elle est exposée à l'Autan et nourrit la fougère odieuse à l'areau courbe [571], te donnera des vignes vigoureuses et abondantes en suc de Bacchus [572]; elle est fertile en grappes, fertile en un liquide pareil à ce nectar que nous offrons en libations dans l'or et les patères, lorsqu'au pied des autels le gras Tyrrhénien [573] a soufflé dans l'ivoire [574] et que nous versons dans de larges plats des entrailles fumantes.

Si tu as plutôt le goût d'élever du gros bétail et des veaux, ou les petits des brebis, ou des chèvres qui brûlent les cultures [575], gagne les défilés boisés et les lointains pâturages de la grasse Tarente [576], ou une plaine semblable à celle qu'a perdue l'infortunée Mantoue [577], dont des cygnes neigeux paissaient l'herbe fluviale [578] : ni les limpides fontaines, ni les gazons ne manqueront à tes troupeaux; et toute l'herbe qu'aura broutée ton gras bétail dans les longs jours, la fraîche rosée d'une courte nuit suffira pour la faire renaître.

Une terre noire, et grasse sous le soc qu'on enfonce, et dont le sol est friable (car c'est le résultat que nous cherchons à obtenir en labourant) est presque toujours excellente pour les blés : en nulle autre plaine tu ne verras plus de taureaux ramener à pas lents plus de chariots au logis. Telle encore cette terre, d'où le laboureur irrité [579] a fait disparaître une forêt, abattant des bocages longtemps inutiles et arrachant jusqu'au bout de leurs racines les antiques demeures des oiseaux : eux ont abandonné leurs nids pour fuir dans les airs, mais la plaine inculte a brillé sous le soc de la charrue. Quant au maigre gravier d'un terrain en pente, il est à peine bon à fournir aux abeilles d'humbles touffes de serpolet et du romarin; le tuf rude au toucher et la craie rongée par de noirs reptiles attestent qu'ils conviennent mieux que tout autre terrain à fournir aux serpents une douce nourriture et à leur présenter de sinueuses cachettes. Mais le sol d'où s'exhale en vapeurs fugitives un léger brouillard, celui qui boit l'humidité et la renvoie à son gré, qui se revêt sans cesse d'un vert gazon et qui n'entame point le fer par une rouille corrosive et acide, verra pour toi les vignes fécondes enlacer les ormeaux; il est fertile en huile; tu reconnaîtras, en le cultivant, qu'il est accommodant au petit bétail et docile au soc recourbé. Tel est celui que laboure la riche Capoue [580]; tels, les bords voisins du mont Vésuve [581], et ceux du Clain [582] qui fut intolérable à la déserte Acerre [583].

Maintenant je dirai de quelle façon tu pourras reconnaître chaque terrain. Veux-tu savoir si une terre est légère ou si elle est d'une densité peu ordinaire (parce que l'une est favorable au froment, l'autre à Bacchus [584], la plus dense à Cérès [585], la plus légère à Lyée [586]) ? Tu choisiras d'abord des yeux un emplacement, et tu y feras creuser profondément un puits en terrain solide, où tu refouleras toute la terre en nivelant la surface sableuse avec tes pieds. Si le puits n'est pas rempli, ce sera un sol léger et qui conviendra mieux au petit bétail et aux vignes nourricières; si, au contraire, les déblais se refusent à entrer dans le lieu d'où ils sortent, et s'il reste de la terre une fois les trous comblés, ce sera une terre épaisse : attends-toi à des mottes résistantes, à des entredos solides, et emploie, pour briser la terre, des taureaux vigoureux.

Quant à la terre salée, et, comme on dit, amère, inféconde en moissons (car elle ne s'adoucit pas au labour et ne conserve ni son caractère à Bacchus [587], ni leur renom aux fruits), voici le moyen de la reconnaître : détache de tes toits enfumés des paniers d'osier serré et des tamis de pressoir; que cette terre mauvaise y soit foulée jusqu'aux bords avec une eau douce de source : toute l'eau sans doute s'y frayera un passage avec peine, et ses larges gouttes passeront à travers les mailles de l'osier; mais sa saveur te servira d'indice infaillible et son amertume fera faire la grimace à ceux qui la goûteront.

Il en est de même de la terre grasse; nous la reconnaissons aux marques suivantes : jamais elle ne s'en va en poussière en passant de main en main, mais, à la manière de la poix, elle s'attache aux doigts qui la manient.

Une terre humide nourrit des herbes assez hautes, et d'elle-même elle est plus féconde que de juste. Ah! puissent vos champs ne pas connaître cette fertilité-là et ne pas révéler leur force aux premiers épis!

La terre qui est lourde se trahit d'elle-même par son seul poids; et celle qui est légère également. Il est facile de discerner à l'œil celle qui est noire ou d'une autre couleur. Mais son froid meurtrier est difficile à repérer : seuls les résineux et les ifs malfaisants [588] ou les lierres noirs [589] quelquefois en décèlent les traces.

Ces observations faites, souviens-toi, longtemps avant d'enfouir un plant de vigne producteur, de cuire la terre, de couper de tranchées les grandes montagnes, et d'exposer les mottes retournées à l'Aquilon. Les terrains dont le sol est meuble sont les meilleurs : c'est l'affaire des vents, des gelées blanches, et du robuste vigneron qui remue en tous sens les arpents.

Mais le cultivateur vigilant qui n'a rien négligé cherche un terrain semblable pour y préparer d'abord une pépinière et disposer ensuite son plant, de peur que les sujets, brusquement transplantés, ne puissent pas oublier leur mère; de plus, il marque sur l'écorce la direction du ciel, de manière que chacun retrouve son exposition, celui-ci le côté qui recevait les chaleurs de l'Auster, celui-là le côté qui était tourné vers le pôle : tant l'acclimatation a d'importance pour les sujets tendres!

Vaut-il mieux planter la vigne sur des collines ou dans une plaine ? c'est ce que tu dois d'abord examiner. Si tu établis ton champ dans une grasse campagne, plante en rangs serrés : si serrés qu'ils soient, Bacchus ne les fera pas plus lentement prospérer. Si, au contraire, tu choisis les pentes d'un terrain ondulé ou le dos des collines, sois large pour tes rangs; mais qu'en tout cas l'alignement exact de tes ceps laisse entre eux des intervalles égaux et symétriques. Telle, au cours d'une grande guerre, on voit souvent la légion déployer au loin ses cohortes, l'armée faire halte dans une plaine découverte, les fronts de bataille s'aligner, et toute la terre au loin ondoyer sous l'éclat de l'airain; l'horrible mêlée n'est point encore engagée, mais Mars hésitant erre entre les deux armées. Que les allées soient toutes de dimensions égales, non pour que leur perspective repose seulement l'esprit, mais parce qu'autrement la terre ne fournira pas à tous les ceps une somme égale de forces et que les rameaux ne pourront s'étendre dans l'air libre.

Peut-être veux-tu savoir quelle profondeur doivent avoir les fosses. J'oserais confier la vigne même à un mince sillon; l'arbre plus élevé est profondément enfoncé dans la terre, le chêne vert surtout, dont la tête s'élève autant vers les brises éthérées que sa racine s'enfonce vers le Tartare [590]. Aussi ni les hivers, ni les ouragans, ni les pluies ne le déracinent : il demeure immobile, et sa durée en se déroulant triomphe de bien des postérités et de bien des générations d'hommes. Alors il étend au loin ses rameaux puissants et ses bras, à droite et à gauche, et son tronc supporte un immense ombrage.

Que tes vignobles ne soient pas tournés vers le soleil couchant; ne plante pas le coudrier parmi tes vignes [591]; ne tire pas la pointe des surgeons ni ne casse des plants au sommet de l'arbre (tant il a d'amour pour la terre!); ne blesse pas d'un fer émoussé les rejetons; ne greffe pas entre les intervalles des oliviers sauvages. Car souvent d'imprudents bergers laissent tomber du feu, qui, après avoir furtivement couvé sous l'écorce grasse, saisit le cœur du bois, puis glissant jusqu'aux hautes frondaisons, fait retentir le ciel d'un énorme fracas; puis, poursuivant sa course de rameau en rameau et de cime en cime, il règne en vainqueur, enveloppe de ses flammes le bocage tout entier et pousse vers le ciel une nuée épaisse de noire fumée, surtout si la tempête soufflant du haut du ciel s'est abattue sur les bois et si le vent augmente et propage l'incendie. Dès lors les vignes sont détruites dans leur souche, le tranchant du fer ne peut les rendre à la vie, ni les faire reverdir, telles qu'elles étaient sur ce fonds de terre : le stérile olivier sauvage survit seul avec ses feuilles amères.

Que personne, si avisé qu'il soit, ne te persuade de retourner la terre encore raidie du souffle de Borée [592]. L'hiver alors clôt les campagnes de son gel, et ne permet pas à la marcotte que tu as plantée de pousser dans la terre sa racine congelée. La meilleure saison pour planter les vignobles, c'est lorsqu'au printemps vermeil arrive l'oiseau blanc [593] odieux aux longues couleuvres [594], ou vers les premiers froids de l'automne, quand le soleil dévorant n'a pas encore atteint l'hiver [595] avec ses chevaux, et que l'été est déjà passé.

Oui, le printemps est utile aux frondaisons des bocages, le printemps est utile aux forêts; au printemps, les terres se gonflent et réclament les semences créatrices. Alors le Père tout-puissant, l'Ether [596], descend en pluies fécondes dans le giron de sa compagne joyeuse [597], et, mêlé à son grand corps, de son grand suc nourrit tous les germes. Alors les fourrés impénétrables retentissent d'oiseaux mélodieux, et les grands troupeaux rappellent, aux jours marqués, Vénus [598]; le champ nourricier enfante et, sous les souffles tièdes de Zéphyr, les guérets entrouvrent leur sein; une tendre sève surabonde partout; les germes osent se confier sans crainte à des soleils nouveaux, et, sans redouter ni le lever des Autans, ni la pluie que chassent du ciel les puissants Aquilons, le pampre pousse ses bourgeons et déploie toutes ses frondaisons. Non ce ne furent pas d'autres jours — je le croirais volontiers — qui éclairèrent le monde naissant à son origine première, ni une autre continuité de température : c'était le printemps, le printemps qui régnait sur l'immense univers, et les Eurus ménageaient leurs souffles hivernaux, quand les premiers animaux burent la lumière du jour, quand la race des hommes, race de fer, éleva sa tête au-dessus des guérets durs, et quand les bêtes furent lancées dans les forêts et les astres dans le ciel. Les tendres êtres ne pourraient supporter leur peine, si un répit aussi grand ne s'étendait entre le froid et la chaleur et si l'indulgence du ciel ne faisait bon accueil aux terres.

Au surplus, quels que soient les arbustes que tu plantes par les champs, couvre-les d'un bon fumier et n'oublie pas de les cacher sous une épaisse couche de terre; ou d'y enfouir une pierre poreuse et de rugueux coquillages; car les eaux s'infiltreront dans les intervalles, et l'air subtil y pénétrera, et les plants seront ranimés. Il s'est même trouvé des gens pour entasser sur le sol des pierres et des tessons d'un poids énorme : c'est une protection contre les pluies abondantes, et aussi contre la canicule ardente, qui fendille les guérets béants de soif.

Une fois les boutures plantées, il reste à ramener bien souvent la terre autour des ceps, à la bêcher sans cesse avec de durs bidents [599] ou à travailler le sol sous le soc qu'on enfonce, à diriger parmi les vignobles les taureaux récalcitrants; puis, à disposer les lisses roseaux, les baguettes dépouillées de leur écorce, les échalas de frêne et les fourches solides, pour que la vigne, forte de ces appuis, apprenne à mépriser les vents et à grimper d'étage en étage jusqu'au sommet des ormes.

Et, tant que ce premier âge grandit en ses nouveaux feuillages, il faut en épargner la tendreté; et alors même qu'elle s'élance joyeuse dans les airs, lâchée à pleines guides dans l'air pur, il ne faut point encore essayer sur elle le tranchant de la faucille, mais en émonder et en éclaircir le feuillage avec l'ongle. Puis quand ses branches vigoureuses auront pris leur essor et enlaceront les ormes, alors coupe sa chevelure et taille ses bras : plus tôt, elles redoutent le fer; alors exerce enfin ton dur empire et arrête l'exubérance de ses rameaux.

Il faut aussi tresser des haies et tenir à l'écart tout le bétail, surtout quand le feuillage est tendre encore et ignore les épreuves qui le guettent; car, en dehors des outrages de l'hiver et de la toute-puissance du soleil, les buffles sauvages et les chevreuils voraces lui prodiguent les insultes, les brebis et les génisses avides s'en repaissent. Ni les frimas avec leurs gelées blanches qui durcissent le sol, ni l'été lourd pesant sur les rocs desséchés, ne lui sont aussi nuisibles que les troupeaux, et le venin de leur dent dure, et la cicatrice que leur morsure imprime sur une souche. Ce n'est point pour une autre faute qu'on immole un bouc à Bacchus, sur tous ses autels, que des jeux antiques envahissent la scène [600], que les Thésides [601] proposèrent des prix aux talents, en allant de bourg en bourg et de carrefour en carrefour [602], et qu'on les vit tout joyeux, entre deux rasades, sauter dans les molles prairies par-dessus des outres huilées [603]. De même les paysans Ausoniens [604], race envoyée de Troie [605], jouent à des vers grossiers [606], en riant à gorge déployée, prennent de hideux masques d'écorce creusée, t'invoquent, Bacchus, par des chants d'allégresse, et suspendent en ton honneur au haut d'un pin des figurines d'argile [607]. Dès lors tout le vignoble donne des fruits à foison; ils emplissent le creux des vallons et les fourrés profonds et tous les lieux où le dieu montre sa tête vénérable. Donc et selon le rite, nous dirons l'honneur qui est dû à Bacchus en chantant les cantiques de nos pères, et nous lui porterons des plats et des gâteaux sacrés; conduit par la corne, le bouc sacré se tiendra près de l'autel, et nous rôtirons ses grasses entrailles sur des broches de coudrier [608].

Il y a encore, parmi les soins dus aux vignes, un autre travail, et qui n'est jamais épuisé : il faut en effet trois ou quatre fois l'an fendre tout le sol, et en briser éternellement les mottes avec le revers des bidents; il faut soulager tout le vignoble de son feuillage. Le travail des laboureurs revient toujours en un cercle, et l'année en se déroulant le ramène avec elle sur ses traces. Le jour même où la vigne a vu tomber ses tardives frondaisons et où l'Aquilon a dépouillé les forêts de leur parure, ce jour-là l'actif vigneron étend ses soins à l'année qui vient, et, la dent recourbée de Saturne [609] à la main, il continue de tailler la vigne et la façonne en l'émondant. Sois le premier à creuser le sol, le premier à brûler les sarments mis au rebut, le premier à rentrer les échalas au logis; sois le dernier à vendanger. Deux fois leur ombrage menace les vignes; deux fois les herbes étouffent la récolte de leurs épaisses broussailles : dur labeur de part et d'autre. Fais l'éloge des vastes domaines, cultives-en un petit. Il faut encore couper dans la forêt les branches épineuses du houx, et sur ses rives le roseau fluvial; et il y a les pénibles soins que demande la saulaie inculte. Maintenant les vignes sont liées; maintenant les arbustes laissent reposer la serpe; maintenant le vigneron, au bout de ses rangées, chante la fin de ses peines. Pourtant il lui faut encore tourmenter la terre, la réduire en poussière, et, bientôt, craindre Jupiter [610] pour les raisins mûrs.

Les oliviers, au contraire, ne demandent pas de culture; ils n'attendent rien de la serpe recourbée ni des hoyaux tenaces, quand une fois ils ont pris au sol et affronté les brises. La terre, entrouverte au crochet, fournit d'elle-même aux plantes une humidité suffisante et, retournée par le soc, des fruits lourds. Nourris donc le gras olivier agréable à la Paix.

De même les arbres fruitiers, dès qu'ils ont senti leurs troncs vigoureux et qu'ils sont maîtres de leurs forces, s'élancent rapidement vers les astres par leur propre vertu et n'ont pas besoin de notre aide. D'ailleurs il n'est point de bocage qui ne se charge de fruits, et de fourrés incultes qui ne rougissent de baies sanglantes; les cytises sont broutés; la haute forêt fournit des résineux, pâture des feux nocturnes [611] qui répandent la lumière. Et les hommes hésiteraient à planter des arbres et à y consacrer leurs soins!

Pourquoi chercherai-je plus haut mes exemples! Les saules et les humbles genêts offrent aux troupeaux leur feuillage, aux bergers leur ombrage, et des haies pour les plantations, et la pâture de leur miel. Il plaît de regarder le Cytore [612] ondoyant sous le buis et les bois sacrés de l'arbre à poix de Naryce [613]; il plaît de voir des champs [614] qui n'ont jamais été exposés aux hoyaux et à l'industrie de l'homme. Même les forêts stériles, au sommet du Caucase [615], que les Eurus, déchaînés sans cesse, brisent et emportent, donnent chacune ses produits; elles donnent un bois utile : pour les vaisseaux, les pins; pour les maisons, le cèdre et les cyprès. Les cultivateurs en tirent de quoi façonner des rayons pour leurs roues, des tympans [616] pour leurs chariots et des carènes pansues pour les navires. Les saules sont fertiles en tiges souples, les ormes en frondaisons; le myrte et le cornouiller, bon à la guerre, en solides javelots; les ifs sont tordus en arcs Ituréens [617]. Il n'est jusqu'aux lisses tilleuls et au buis facile à tourner qui ne reçoivent une forme et ne se laissent creuser par le fer pointu. L'aulne léger, lancé dans le Pô [618], flotte sur l'onde tournoyante; et les abeilles cachent leurs essaims sous les écorces creuses et dans le tronc pourri d'une yeuse. Quel bienfait digne d'être autant célébré nous ont apporté les dons de Bacchus? Bacchus a même donné des prétextes au crime : c'est lui qui dompta pour la mort les Centaures [619] furieux [620], et Rhétus, et Pholus, et Hylée [621] menaçant les Lapithes de son grand cratère [622].

O trop fortunés, s'ils connaissaient leurs biens, les cultivateurs? Eux qui, loin des discordes armées, voient la très juste terre leur verser de son sol une nourriture facile. S'ils n'ont pas une haute demeure dont les superbes portes vomissent tous les matins un énorme flot de clients venus pour les saluer; s'ils ne sont pas ébahis par des battants incrustés d'une belle écaille [623], ni par des étoffes où l'or se joue, ni par des bronzes d'Ephyré [624]; si leur laine blanche n'est teinte du poison d'Assyrie [625], ni corrompue de cannelle [626] l'huile limpide qu'ils emploient; du moins un repos assuré, une vie qui ne sait point les tromper, riche en ressources variées, du moins les loisirs en de vastes domaines, les grottes, les lacs d'eau vive, du moins les frais Tempé [627], les mugissements des bœufs et les doux sommes sous l'arbre ne leur sont pas étrangers. Là où ils vivent sont les fourrés et les repaires des bêtes sauvages, une jeunesse dure aux travaux et habituée à peu, le culte des dieux et le respect des pères [628]; c'est chez eux qu'en quittant les terres la Justice [629] laissa la trace de ses derniers pas.

Pour moi, veuillent d'abord les Muses, dont la douceur avant tout m'enchante et dont je porte les insignes sacrés [630] dans le grand amour que je ressens pour elles, accueillir mon hommage et me montrer les routes du ciel et les constellations, les éclipses variées du soleil et les tourments de la lune [631]; d'où viennent les tremblements de terre; quelle force enfle les mers profondes après avoir brisé leurs digues, puis les fait retomber sur elles-mêmes; pourquoi les soleils d'hiver ont tant de hâte à se plonger dans l'océan ou quel obstacle retarde les nuits lentes. Mais si, pour m'empêcher d'aborder ces mystères de la nature, un sang froid coule autour de mon cœur [632], puissent du moins me plaire les campagnes et les ruisseaux qui coulent dans les vallées et puissé-je aimer sans gloire les fleuves et les forêts! Oh! où sont les plaines, et le Sperchéus [633], et le Taygète [634] où mènent leurs bacchanales les vierges de Laconie [635] Oh! qui me pourrait mettre dans les vallées glacées de l'Hémus [636], et me couvrir de l'ombre épaisse des rameaux!

Heureux qui a pu connaître les causes des choses et qui a mis sous ses pieds toutes les craintes [637], et l'inexorable destin, et le bruit de l'avare Achéron [638]! Mais fortuné aussi celui qui connaît les dieux champêtres, et Pan [639], et le vieux Silvain [640], et les Nymphes sœurs [641]! Celui-là, ni les faisceaux du peuple [642], ni la pourpre des rois ne l'ont fléchi, ni la discorde poussant des frères sans foi [643], ni le Dace [644] descendant de l'Ister [645] conjuré [646], ni les affaires de Rome, ni les royaumes destinés à périr [647]; celui-là ne voit autour de lui ni indigents à plaindre miséricordieusement, ni riches à envier. Les fruits que donnent les rameaux, ceux que donnent d'elles-mêmes les bienveillantes campagnes, il les cueille sans connaître ni les lois d'airain ni le forum insensé [648] ni les archives du peuple [649]. D'autres, avec des rames, tourmentent les flots aveugles, se ruent contre le fer et pénètrent dans les cours et les palais des rois; l'un conspire la destruction d'une ville et de malheureux pénates, pour boire dans une gemme [650] et dormir sur la pourpre de Sarra [651]; l'autre enfouit ses richesses et couve l'or qu'il a enterré; celui-ci reste en extase devant les rostres [652]; celui-là demeure bouche bée devant les applaudissements [653] qui parcourent redoublés les gradins de la plèbe et ceux des sénateurs; d'autres se plaisent à se baigner dans le sang de leurs frères, échangent contre l'exil leurs demeures et leurs seuils si doux, et recherchent une patrie située sous d'autres cieux. Le laboureur fend la terre de son areau incurvé : c'est de là que découle le labeur de l'année; c'est par là qu'il sustente sa patrie et ses petits-enfants, ses troupeaux de bœufs et ses jeunes taureaux qui l'ont bien mérité. Pour lui, point de relâche, qu'il n'ait vu l'année regorger de fruits, ou accroître son bétail, ou multiplier le chaume cher à Cérès, et son sillon se charger d'une récolte sous laquelle s'affaissent ses greniers. Vient l'hiver : les pressoirs broient la baie de Sicyone [654]; les cochons rentrent engraissés de glandée; les forêts donnent leurs arbouses, et l'automne laisse tomber ses fruits variés, et là-haut, sur les rochers exposés au soleil, mûrit la douce vendange. Cependant ses enfants câlins suspendus à son cou se disputent ses baisers; sa chaste demeure observe la pudicité; ses vaches laissent pendre leurs mamelles pleines de lait, et ses gros chevreaux, cornes contre cornes, luttent entre eux sur le riant gazon. Lui aussi a ses jours de fête, où, allongé sur l'herbe, tandis qu'au milieu brûle un feu sacré et que ses compagnons couronnent les cratères [655], il t'invoque, Lénéen [656], avec une libation, puis invite les gardiens du troupeau à lancer un rapide javelot sur la cible d'un orme et à dépouiller leurs corps rudes pour la palestre champêtre.

Telle est la vie que menèrent jadis les vieux Sabins [657], telle fut celle de Rémus et de son frère. Ainsi grandit sans doute la vaillante Etrurie; ainsi Rome devint la merveille du monde et seule dans son enceinte renferma sept collines [658]. Même avant que le roi du Dicté [659] eût pris en main le sceptre [660], et avant qu'une race impie [661] se fût nourrie de la chair des taureaux égorgés, telle fut la vie que menait sur les terres Saturne d'or [662] : on n'avait point alors entendu encore souffler dans les clairons, ni sur les dures enclumes crépiter les épées.

Mais nous avons fourni une immense carrière, et voici qu'il est temps de détacher du joug les cols fumants des chevaux.

LIVRE TROISIÈME

LES TROUPEAUX

Toi aussi, grande Palès [663], et toi, ô mémorable, nous te chanterons, pâtre de l'Amphryse [664], et vous, forêts et rivières du Lycée [665]. Les autres sujets de poèmes qui auraient charmé les esprits oisifs sont maintenant trop connus. Qui ne connaît ou le dur Eurysthée [666] ou les autels de l'infâme Busiris [667]? Qui n'a dit le jeune Hylas [668], et la Latonienne Délos [669], et Hippodamie [670], et, reconnaissable à son épaule d'ivoire, Pélops [671], écuyer fougueux ? Il me faut tenter une route où je puisse moi aussi [672] m'élancer loin de la terre et voir mon nom vainqueur voler de bouche en bouche. C'est moi qui, le premier, si ma vie est assez longue, ferai descendre les Muses du sommet Aonien [673] pour les conduire avec moi dans ma patrie; le premier, je te rapporterai ô Mantoue [674], les palmes d'Idumée [675], et, dans la verte plaine, j'élèverai un temple de marbre, au bord de l'eau où en lents détours erre le large Mincius [676] et où le roseau tendre a couronné ses rives. Au milieu [677] je mettrai César [678], qui sera le dieu du temple. Moi-même en son honneur, vainqueur [679] et attirant les regards sous la pourpre de Tyr [680], je pousserai cent chars quadriges le long du fleuve. A mon appel, la Grèce entière, quittant l'Alphée [681] et les bois sacrés des Molorchus [682], disputera le prix des courses et du ceste sanglant [683], et moi, la tête ornée des feuilles d'un rameau d'olivier, j'apporterai des dons. Tu jouis déjà d'avance du plaisir de conduire aux sanctuaires les pompes solennelles, et de voir les jeunes taureaux égorgés, ou comme la scène mobile fait tourner ses décors [684], ou comme les Bretons [685] lèvent les rideaux [686] de pourpre tissus de leur image. Sur les portes, je représenterai en or et en ivoire massif le combat des Gangarides [687] et les armes de Quirinus vainqueur [688]; et là le Nil aux ondes guerrières [689] et au grand cours, et les colonnes dressées avec l'airain naval [690]. J'ajouterai les villes d'Asie domptées [691], et le Niphate repoussé [692], et le Parthe mettant son espoir dans sa fuite et dans les flèches qu'il lance en se retournant, et deux trophées ravis de haute lutte à des ennemis qui habitent des contrées opposées [693], et le double triomphe remporté sur des peuples qui habitent l'un et l'autre rivage [694]. Là se dresseront aussi dans la pierre de Paros [695] les images vivantes de la postérité d'Assaracus [696], et cette race renommée descendue de Jupiter [697], et Tros [698] leur père, et le Cynthien, fondateur de Troie [699]; l'Envie infortunée y aura peur des Furies [700], et du fleuve sévère du Cocyte [701], et des serpents d'Ixion enroulés [702], et de la roue monstrueuse [703], et de l'insurmontable rocher [704].

Cependant entrons dans les forêts des Dryades [705] et dans les fourrés vierges [706]; tes ordres, Mécène, ne sont pas faciles à exécuter. Mais sans toi mon esprit n'entreprend rien de haut. Allons, viens, et brise les mols retards : le Cithéron [707] nous appelle à grands cris [708], et les chiens du Taygète [709], et Epidaure dompteuse de chevaux [710], et leur voix retentit, répétée par l'écho des bois. Bientôt pourtant je me préparerai à dire les ardentes batailles de César [711] et à faire vivre son nom pendant autant d'années qu'il s'en est écoule depuis l'origine première de Tithon [712] jusqu'à César.

Soit qu'admirant les prix de la palme olympique on fasse paître des chevaux, soit qu'on élève pour la charrue de jeunes taureaux robustes, le principal est de choisir les mères. La meilleure vache est celle dont le regard est torve, la tête laide, l'encolure très forte, et dont les fanons pendent du menton jusqu'aux pattes; puis, un flanc démesurément long; tout grand, le pied lui-même, et, sous des cornes courbes, des oreilles hérissées de poil. Il ne me déplairait pas que sa robe fût marquée de taches blanches, qu'elle refusât le joug, qu'elle eût parfois la corne farouche, qu'elle fût assez proche du taureau par l'aspect et que, haute de taille, elle balayât du bout de sa queue la trace de ses pas.

L'âge propice aux travaux de Lucine [713] et aux justes hymens cesse à dix ans et commence à quatre : en dehors de ces limites, elle n'est ni propre à la reproduction ni forte pour la charrue. Pendant ce temps, alors que les troupeaux sont dans la plénitude de leur riante jeunesse, délie les mâles ; sois le premier à livrer tes troupeaux à Vénus [714], et à remplacer par la reproduction une génération par une autre. Les plus beaux jours de l'âge [715] des malheureux mortels sont les premiers à fuir : à leur place viennent les maladies et la triste vieillesse, puis les souffrances, et l'inclémence de la dure mort nous prend. Tu auras toujours des mères que tu préféreras réformer ; remplace-les donc toujours et, pour n'avoir pas de pertes à regretter, préviens-les et choisis chaque année des rejetons propres à reproduire le troupeau.

Même choix pour la race chevaline : ceux que tu décideras d'élever en vue de la reproduction doivent, dès leurs tendres années, être le principal objet de tes soins. D'abord, le poulain de bonne race s'avance dans les guérets la tête haute et a des jarrets souples. Il est le premier à se mettre en route, à affronter des fleuves menaçants, à se risquer sur un pont inconnu, et il ne s'effraie point des vains bruits. Il a l'encolure haute, la tête effilée, le ventre court, la croupe rebondie, et son ardent poitrail fait ressortir ses muscles. On estime le bai brun et le gris pommelé ; la couleur la moins estimée est le blanc et l'alezan. Puis, si au loin retentit le bruit des armes, il ne peut tenir en place, il dresse les oreilles, tressaille de tous ses membres, et roule en frémissant le feu qui s'est amassé dans ses naseaux. Sa crinière est épaisse, et retombe à chaque mouvement sur son épaule droite. Son épine dorsale court double le long des reins ; son sabot creuse la terre, qui résonne profondément sous sa corne solide.

Tel Cyllare [716] dompté par les rênes de Pollux d'Amyclée [717], et tels, célébrés par le poète grec [718], les chevaux de Mars [719] attelés deux par deux et ceux qui traînaient le char du grand Achille [720]; tel aussi, à l'arrivée de son épouse, Saturne [721] lui-même, d'un bond, répandit sa crinière sur un cou de cheval et, dans sa fuite, emplit le haut Pélion [722] d'un hennissement aigu.

Mais ce cheval même, lorsque appesanti par la maladie ou déjà ralenti par les ans, il a des défaillances, enferme-le au logis et sois indulgent à une vieillesse qui ne le déshonore pas. Frigide pour Vénus [723] lorsqu'il est trop âgé, il traîne en vain un labeur ingrat; et, si parfois on en vient au combat, tel un grand feu sans force allumé dans la paille, il déploie une fureur stérile. Donc tu noteras principalement son ardeur et son âge, puis ses autres qualités, sa race et ses auteurs, sa douleur dans la défaite, sa gloire d'avoir la palme. Ne le vois-tu pas, quand précipités à l'envi dans la plaine les chars dévorent l'espace et se ruent hors de la barrière, quand l'espoir tend les jeunes gens et que les pulsations de la peur font battre leurs cœurs palpitants ? Ils enlèvent leur attelage d'un coup de fouet, et, penchés en avant, lâchent les guides; l'essieu vole enflammé de l'effort; ils semblent tantôt se baisser, tantôt se dresser dans l'espace, emportés par le vide de l'air, et monter à l'assaut des brises. Point de trêve, point de relâche! Un nuage de poussière fauve s'élève; ils sont mouillés de l'écume et du souffle de ceux qui les suivent : tant l'amour de la gloire est grand, tant ils ont la victoire à cœur!

Le premier, Erichthon [724], osa inventer les chars et y atteler quatre chevaux, et, se tenir, rapide vainqueur, sur des roues [725]. Les Lapithes du Péléthronium [726], montés sur le dos des chevaux, les dressèrent au frein et aux voltes et apprirent au cavalier couvert d'armes à bondir sur le sol et à faire des galops superbes. L'effort est pareil dans les deux cas; aussi les éleveurs réclament-ils pareillement un cheval jeune, ardent de cœur et rapide à la course, même si tel autre étalon a souvent poursuivi l'ennemi en fuite, et se vante d'avoir pour patrie l'Epire et la vaillante Mycènes [727], et fait remonter jusqu'à Neptune [728] lui-même l'origine de sa race.

Ces observations faites, on s'applique quand la saison approche, on dépense tous ses soins à gonfler d'une graisse épaisse l'animal qu'on a choisi comme chef du troupeau et désigné comme mari; on coupe pour lui des herbes dans leur fleur, on lui sert des eaux courantes et de l'épeautre, pour qu'il ne puisse pas être inférieur à sa douce tâche et qu'une postérité débile n'atteste pas que le père a jeûné. Au contraire on fait tout pour amaigrir et amincir les femelles, et dès que la volupté qu'elles ont déjà connue les sollicite aux accouplements, on leur refuse tout feuillage et on les écarte des fontaines. Souvent même on les rompt à la course, et on les fatigue au soleil, alors que l'aire gémit du lourd battage des grains, et qu'au Zéphyre naissant s'éparpillent les pailles vides. C'est ainsi qu'on empêche un embonpoint excessif d'engorger le champ génital, et d'en fermer les sillons inertes; c'est ainsi que la femelle assoiffée saisit Vénus [729] et s'en imprègne plus profondément.

Alors cessent les soins à donner aux pères, et commencent ceux à donner aux mères. Quand au bout de quelques mois elles errent, chargées de leur fruit, qu'on ne les laisse point mener sous le joug des chariots lourds, ni franchir un chemin en sautant, ni s'enfuir au galop dans les prés, ni se jeter à la nage dans des eaux rapides. Qu'elles paissent dans des bocages solitaires, le long de rivières coulant à pleins bords, où elles trouvent de la mousse et une rive toute verte de gazon, l'abri des grottes et l'ombre qui s'étend des rochers.

Aux environs des bois du Silare [730] et de l'Alburne [731], que verdissent les yeuses, pullule un insecte ailé, dont le nom romain est *asile* [732] et que les Grecs appellent *œstre* dans leur langage : insecte furieux, dont le bourdonnement aigu épouvante et fait fuir des troupeaux entiers dans les bois; l'air ébranlé retentit de mugissements furieux, ainsi que les bois de la rive du Tanagre [733] à sec. C'est ce monstre qui servit jadis d'instrument à l'horrible colère de Junon, lorsqu'elle médita la perte de la génisse, fille d'Inachus [734]; c'est de lui aussi (car il est plus acharné aux ardeurs de midi) que tu garantiras tes femelles pleines, en ne faisant paître tes troupeaux qu'à l'heure où le soleil vient de se lever ou quand les astres amènent la nuit.

Lorsque les génisses ont mis bas, tous les soins passent aux petits. On les marque sur-le-champ au fer rouge pour indiquer leur race, et distinguer ceux qu'on choisit pour perpétuer le troupeau, ceux qu'on réserve aux sacrifices des autels, et ceux qu'on destine à déchirer la terre et à retourner la plaine hérissée de mottes brisées. Tout le reste du troupeau va paître les verts herbages. Ceux que tu veux former aux soins et aux besoins de la campagne, entraîne-les quand ils sont encore de petits veaux, et engage-toi dans la voie du dressage, tandis que leur humeur est docile encore et leur jeune âge facile à plier. Et d'abord attache-leur au cou des cercles flottants d'osier mince; puis, quand leurs libres cols se seront faits au joug, attelle-les deux par deux à de vrais colliers et force-les à marcher de front; que déjà ils mènent sur le sol des chariots vides et laissent à peine des traces sur la poussière qui le couvre. Plus tard, qu'un essieu de hêtre crie sous la charge pesante qu'il supporte et qu'un timon d'airain tire sur les roues qu'il lie. Cependant cueille pour cette jeunesse indomptée non seulement le gazon et les grêles feuilles du saule et l'ulve marécageuse, mais aussi des tiges de blé nouveau; et, quand tes génisses sont devenues mères, ne va pas, à l'exemple de nos pères, remplir tes jattes de leur traite neigeuse, mais laisse-les épuiser leurs mamelles tout entières pour leurs doux nourrissons.

Si tes préférences vont à la guerre et aux farouches escadrons, ou si tu veux effleurer de tes roues l'Alphée [735] qui coule à Pise [736], et faire voler tes chars dans le bois sacré de Jupiter [737], le premier travail de ton cheval sera de voir l'ardeur et les armes des guerriers en lutte, de supporter le son des trompettes, de se faire au gémissement d'une roue lorsqu'on tire un chariot, et d'entendre à l'étable le cliquetis des freins; puis de se plaire de plus en plus aux éloges caressants de son maître et d'aimer le bruit d'une main claquant son encolure. Qu'il s'enhardisse à tout cela, dès qu'il est sevré des mamelles de sa mère, et qu'à son tour il offre sa tête à de souples bridons, alors qu'il est faible, encore craintif et encore ignorant de la vie. Mais au bout de trois ans, lorsque sera venu le quatrième été, qu'il commence à décrire des voltes, à faire sonner le sol sous ses pas cadencés, à courber tout à tour ses jarrets en tournant; qu'il ait réellement l'air de travailler; qu'alors, oui alors, il provoque les vents à la course et que volant à travers les plaines, comme s'il était libre des rênes, il laisse à peine de traces à la surface du sable. Tel, des bords hyperboréens [738], l'épais Aquilon se précipite et disperse les orages de Scythie et les nuages sans pluie : alors les hautes moissons et les plaines ondoyantes frémissent aux souffles tièdes, et les cimes des forêts font entendre une rumeur, et les flots se pressant viennent battre de loin les côtes : l'Aquilon vole, balayant dans sa fuite à la fois les guérets et les eaux. Ainsi dressé le cheval se couvrira de sueur aux bornes [739] et aux vastes espaces de la plaine de l'Elide [740], et vomira des écumes sanglantes; ou bien, d'un cou docile, il emportera les chars des Belges [741]. C'est seulement quand ils seront domptés que tu laisseras la dragée grasse leur donner une forte corpulence; car avant le dressage, ils montreront une humeur trop fière, et, si on les saisit, ils refuseront de subir le fouet flexible et d'obéir aux durs caveçons.

Mais le meilleur moyen d'affermir la vigueur, soit des bœufs soit des chevaux, selon ce qu'on préfère, est d'écarter Vénus et les aiguillons de l'amour aveugle. Et c'est pourquoi on relègue au loin les taureaux, dans des pacages solitaires, derrière la barrière d'une montagne, au-delà d'un large fleuve, ou encore on les garde enfermés dans l'étable près de crèches bien garnies. Car la vue d'une femelle mine peu à peu leurs forces et les consume et leur fait oublier les bois et les herbages. C'est elle encore, par ses doux attraits, qui force souvent deux amants superbes à combattre à coups de corne. Tandis que paît dans la grande Sila [742] la superbe génisse, eux, s'attaquant tour à tour, engagent une lutte violente et se couvrent de blessures : un sang noir baigne leurs corps; front contre front ils entrechoquent leurs cornes avec un vaste mugissement, dont retentissent les forêts et le lointain Olympe. Désormais une même étable ne réunit plus les combattants, mais l'un, le vaincu, s'en va et s'exile au loin sur des bords inconnus, gémissant longuement sur son ignominie et sur les coups de son superbe vainqueur, puis sur ses amours qu'il perdit sans vengeance; et, le regard tourné vers son étable, il s'est éloigné du royaume où régnaient ses aïeux. Alors il n'a d'autre souci que d'exercer ses forces; il s'étend la nuit parmi de durs rochers sur une couche sans litière; il se nourrit de frondaisons épineuses et de laîches piquantes; il s'essaie et s'apprend à concentrer sa colère dans ses cornes, en luttant contre un tronc d'arbre; il harcèle de ses coups les vents et prélude au combat en faisant voler le sable. Puis, quand il a rassemblé sa vigueur et rétabli ses forces, il entre en guerre, et fond tête baissée sur son ennemi qui l'a oublié. Telle la vague commence à blanchir au milieu de la mer haute, puis, à mesure qu'elle s'éloigne du large, se creuse de plus en plus, puis, roulant vers la terre se brise contre les rochers avec un bruit affreux, et retombe de toute sa hauteur; cependant l'onde bouillonne jusqu'au fond du gouffre, et de ses profondeurs soulève un sable noir.

Oui, toute la race sur terre et des hommes et des bêtes, ainsi que la race marine, les troupeaux, les oiseaux peints de mille couleurs, se ruent à ces furies et à ce feu : l'amour est le même pour tous. Jamais en nulle autre saison la lionne oubliant ses petits n'erra plus cruelle dans les plaines; jamais les ours informes ne semèrent autant le carnage et la mort à travers les forêts; alors le sanglier est féroce, la tigresse plus mauvaise que jamais. Malheur, hélas! à qui s'égare alors dans les champs solitaires de la Libye! Ne vois-tu pas comme les chevaux frémissent de tout leur corps, si l'air leur a seulement apporté des effluves bien connus ? Et ni les freins des hommes, ni les fouets cruels, ni les rochers, ni les ravins, ni la barrière des fleuves ne les arrêtent, même quand ces fleuves roulent des quartiers de montagnes dans leurs ondes. Lui-même, le porc Sabellique [743] se rue, aiguise ses défenses, gratte du pied la terre, frotte ses côtes contre un arbre et endurcit tour à tour ses épaules aux blessures. Que n'ose point un jeune homme [744], lorsque le dur amour fait circuler dans ses os son feu puissant ? A travers la tempête déchaînée, tard dans la nuit aveugle, il fend les flots à la nage; au-dessus de lui tonne la porte immense du ciel [745], et les vagues qui se brisent sur les écueils le rappellent en arrière; mais le malheur de ses parents ni celui de la jeune fille qui mourra après lui d'un cruel trépas ne peuvent le faire renoncer à son entreprise. Que dire des lynx tachetés de Bacchus [746], et de la race violente des loups, et des chiens ? Que dire des cerfs qui, malgré leur timidité, se livrent des combats ? Mais c'est surtout la fureur des cavales qui est insigne, et c'est Vénus elle-même qui leur donna cette fureur, au temps où les Potniades [747] déchirèrent de leurs mâchoires les membres de Glaucus [748]. Elles, l'amour les entraîne au-delà du Gargare [749] et au-delà de l'Ascagne sonore [750]; elles franchissent les montagnes, passent à la nage les fleuves, et dès que la flamme s'est allumée dans leurs moelles avides (au printemps surtout, car c'est au printemps que la chaleur est rendue aux os), elles se dressent aux sommets des rochers, la bouche tournée vers le Zéphyr, et s'imprègnent de ces brises légères, et souvent, sans aucun accouplement, fécondées par le vent [751], ô merveille! elles s'enfuient de toute part à travers les rochers et les pics et les profondes vallées, non point dans ta direction, ô Eurus [752], ni vers le lever du soleil, mais vers Borée [753] et vers le Caurus [754], ou encore du côté où naît l'Auster [755] si noir, qui attriste le ciel de sa pluie froide. C'est alors que l'humeur visqueuse, justement nommée hippomane [756] par les bergers, suinte de leur aine, l'hippomane que de méchantes marâtres ont souvent recueilli et mêlé à des herbes [757] et à de coupables paroles.

Mais le temps fuit, et il fuit sans retour, tandis que séduits par notre sujet nous le parcourons dans tous ses détails.

C'est assez parler des grands troupeaux; reste la seconde partie de ma tâche : traiter des troupeaux porte-laine et des chèvres au long poil. C'est un travail; mais espérez-en de la gloire, courageux cultivateurs. Je ne me dissimule pas en mon for intérieur combien il est difficile de vaincre mon sujet par le style et de donner du lustre à de minces objets. Mais un doux amour m'entraîne le long des pentes désertes du Parnasse; il me plaît d'aller par ces cimes, où nulle roue avant moi n'a jamais laissé de traces sur la douce déclivité de Castalie [758]. C'est maintenant, vénérable Palès [759], maintenant qu'il faut chanter d'une voix forte.

Pour commencer, je prescris qu'on laisse les brebis brouter leur herbe dans de douces étables, jusqu'au retour de l'été et de ses frondaisons; qu'on étende sur le sol rude une couche épaisse de paille et des bottes de fougères, pour préserver de la froidure du gel le délicat troupeau et le sauver de la gale et de la goutte déformante [760]. Puis, passant à un autre ordre d'idées, je veux qu'on donne aux chèvres une suffisante ration de feuilles d'arbouse et qu'on leur fournisse des eaux vives toujours fraîches; que leurs étables, à l'abri du vent, reçoivent au midi le soleil hivernal, lorsque le froid Verseau [761] commence à décliner et arrose de ses pluies la fin de l'année [762]. Aussi dignes de nos soins attentifs que les brebis, les chèvres ne nous seront pas moins utiles, quel que soit le prix qu'on vende les toisons de Milet [763] imprégnées de la pourpre de Tyr [764]. La chèvre a une postérité plus nombreuse, et donne du lait en grande quantité : plus la jatte, sous le pis qu'elle épuise, se couvrira d'écume, plus abondant sera le flot qui ruissellera de leurs mamelles pressées. Ce n'est pas tout : on coupe la barbe qui blanchit le menton du bouc de Cinyps [765] et ses longs poils pour l'usage des camps et la vêture des pauvres matelots. D'ailleurs les chèvres paissent dans les bois et sur les sommets du Lycée [766], broutant des ronces épineuses et les broussailles qui se plaisent sur les lieux escarpés; et d'elles-mêmes, ayant de la mémoire, elles rentrent au bercail, y ramènent leurs petits, et ont peine à franchir le seuil avec leur pis gonflé. Tu mettras donc d'autant plus de soins à les protéger du gel et des vents neigeux que leur besoin est moindre de l'assistance de l'homme; tu leur apporteras en abondance une pâture d'herbes et de branches flexibles, et, de tout l'hiver, tu ne leur fermeras pas tes greniers à foin.

Mais quand l'été riant à l'appel des Zéphyrs enverra dans les clairières et les pacages l'un et l'autre troupeau [767], parcourons les fraîches campagnes aux premiers feux de Lucifer [768], dans la nouveauté du matin et le givre des prairies, quand la rosée si agréable au bétail perle sur l'herbe tendre. Puis quand la quatrième heure du jour [769] réveillera leur soif, et que les plaintives cigales fatigueront les bosquets de leur chant, mène tes troupeaux aux puits ou aux étangs profonds boire l'eau qui court dans des canaux d'yeuse. En pleine chaleur, cherche une vallée ombreuse : que le grand chêne de Jupiter au tronc [770] antique y déploie ses rameaux immenses, ou qu'une noire forêt d'yeuses touffues y couvre le sol de son ombre sacrée. Puis donne-leur encore de minces filets d'eau et fais-les paître encore au coucher du soleil, quand la fraîcheur du soir tempère l'air, quand la lune verseuse de rosée [771] ranime les clairières, quand le rivage retentit des chants de l'alcyon [772] et les buissons de ceux du chardonneret.

Te décrirai-je dans mes vers les pâtres de la Libye, leurs pâturages et leurs douars peuplés de rares cabanes ? Souvent, jour et nuit, et tout un mois sans interruption, le troupeau paît et va dans de vastes déserts, sans trouver nul abri : tant l'étendue de la plaine est grande. Le bouvier africain emmène tout avec lui : maison, Lare, armes, chien d'Amyclée [773] et carquois de Crète [774]; c'est ainsi que revêtu des armes de ses pères, le vaillant Romain poursuit sa route sous un énorme fardeau, établit son camp et se présente en colonne devant l'ennemi dont il a devancé l'attente.

Il n'en est pas ainsi chez les peuples de Scythie, près de l'onde Méotide [775], où le trouble Ister [776] roule des sables jaunâtres, et où le Rhodope [777] revient sur lui-même après s'être étendu jusqu'au milieu du pôle [778]. Là, on tient les troupeaux enfermés dans les étables; on n'aperçoit ni herbes dans la plaine ni feuilles sur les arbres; mais la terre s'étend dans le lointain, rendue informe par des monceaux de neige et par une couche de glace s'élevant à sept coudées. Toujours l'hiver, toujours, soufflant le froid, les Caurus [779]! De plus, jamais le soleil ne dissipe les ombres pâlissantes, ni quand ses chevaux l'entraînent jusqu'au sommet de l'éther, ni quand il lave son char en le précipitant dans les flots rougis de l'Océan. Des croûtes de glace subites se forment sur le cours des fleuves, et bientôt l'onde supporte des roues cerclées de fer; hier elle accueillait des poupes, elle accueille maintenant de larges chariots. Partout l'airain se fend, et les vêtement se roidissent sur le corps, on coupe avec des haches le vin jadis liquide; des lacs entiers se sont changés en un bloc de glace, et l'haleine congelée se durcit et se fixe aux barbes hérissées. Cependant il neige sans arrêt par tout le ciel; les bêtes meurent; les bœufs, malgré leur grande taille, s'arrêtent, enveloppés de givre; et les cerfs, se serrant en troupe, restent engourdis sous la masse de neige qui les surprend et d'où émergent à peine les pointes de leurs cornes. Ce n'est point avec une meute de chiens ni avec des filets qu'on les chasse, ni en les effrayant avec des épouvantails de plumes pourpres, mais tandis qu'ils s'efforcent vainement de pousser avec leur poitrail la montagne de neige qui les arrête, on s'approche, on les tue avec le fer, on les abat malgré leurs bramements profonds, et on les emporte en poussant une clameur de joie. Ces barbares mènent une vie tranquille et oisive dans des cavernes creusées profondément sous terre, entassant des rouvres et des ormes entiers pour les rouler sur leurs foyers et les livrer aux flammes. Là ils passent la nuit à jouer, et s'enivrent, joyeux, d'une liqueur fermentée d'orge [780] et de sorbes acides qui imite le jus de la vigne. Ainsi vit, sous la constellation des sept Bœufs hyperboréens [781], une race d'hommes effrénée, toujours battue de l'Eurus du Riphée [782], le corps couvert de peaux fauves de bêtes.

Si tu fais de la laine l'objet de tes soins, commence par éviter la silve épineuse : bardanes et tribules [783]; fuis les gras pâturages, et choisis toujours de blancs troupeaux aux molles toisons. Quant au bélier lui-même, fût-il éclatant de blancheur, s'il cache une langue noire sous son palais humide, rejette-le, de crainte qu'il n'entache de cette sombre couleur la robe des nouveau-nés, et cherches-en un autre autour de toi dans la plaine qui en est remplie. C'est grâce à la blancheur neigeuse de sa toison, s'il faut en croire la légende [784], que Pan, dieu d'Arcadie [785], te surprit, ô Lune, et t'abusa [786] en t'appelant au fond des bois; et tu ne dédaignas point son appel.

Préfère-t-on le laitage ? Qu'on cueille de sa propre main cytise, mélilot et herbes salées en abondance, et qu'on les porte dans les crèches. Ils n'en aiment que plus les eaux courantes, et en ont des mamelles plus gonflées, et en gardent dans leur lait un goût secret de sel. Beaucoup interdisent aux chevreaux, dès qu'ils sont sevrés, l'approche de leurs mères et garnissent l'extrémité de leurs museaux de muselières ferrées. Le lait qu'on a tiré au lever du jour ou aux heures de la journée se met en présure la nuit; celui qu'on a trait quand commencent les ténèbres et que le soleil se couche, le berger au point du jour va le porter dans les les villes en des vases d'airain, ou bien on le saupoudre d'un peu de sel et on le garde pour l'hiver.

Les chiens ne seront pas le dernier objet de tes soins : nourris à la fois d'un gras petit lait les rapides lévriers de Sparte [787] et le vigoureux Molosse [788]. Jamais, avec de tels gardiens, tu n'auras à redouter pour tes étables ni le voleur de nuit et les incursions des loups, ni l'attaque par-derrière des Hibères indomptés [789]. Souvent aussi tu forceras à la course les timides onagres [790], et tu chasseras avec tes chiens le lièvre comme les daims. Souvent avec ta meute aboyante tu débusqueras et relanceras les sangliers de leurs bauges sauvages, et poursuivant à grands cris le cerf à travers les hauts monts, tu le rabattras sur tes rets.

Apprends aussi à brûler dans tes étables le cèdre odorant et à en chasser par l'odeur du galbanum [791] les dangereux reptiles. Souvent, sous les crèches qui n'ont pas été remuées, se dissimule la vipère, mauvaise à qui la touche, et qui cherche un refuge contre le jour qu'elle redoute; ou bien la couleuvre, accoutumée à chercher l'abri et l'ombre, fléau terrible des bœufs, se cache dans le sol pour répandre son venin sur le bétail. Prends dans ta main des pierres, prends des bâtons, berger; et, tandis qu'elle dresse ses menaces et enfle son cou qui siffle, abats-la; déjà elle a fui et enfoui sa tête craintive profondément, mais les anneaux du milieu de son corps et du bout de sa queue sont brisés, et une dernière ondulation traîne ses lents replis. Il est aussi dans les fourrés de la Calabre [792] un mauvais serpent, [793] qui, soulevant sa poitrine, déroule son dos écailleux et son long ventre marqué de larges taches. Tant que les cours d'eau jaillissent de leurs sources, tant que les terres sont détrempées par l'humidité printanière et les autans pluvieux, il hante les étangs, et, fixé sur leurs rives, il assouvit sa voracité sans bornes sur les poissons et les bavardes grenouilles. Mais quand le marais est à sec, et que les terres se fendillent par l'effet de la chaleur, il s'élance sur la terre sèche, et, roulant des yeux enflammés, il sévit dans les champs, exaspéré par la soif et rendu furieux par la chaleur. Me préservent les dieux de goûter le doux sommeil en plein air, ou de m'étendre sur le talus d'un bois parmi les herbes, alors qu'ayant fait peau neuve et brillant de jeunesse, il se roule à terre, ou que laissant dans sa demeure ses petits ou ses œufs, il se dresse au soleil, et fait dans sa gueule vibrer un triple dard [794].

Je t'apprendrai aussi les causes et les symptômes des maladies. La hideuse gale s'attaque aux brebis, lorsqu'une pluie froide de l'âpre hiver aux blancs frimas les a profondément pénétrées jusqu'au vif; ou quand la sueur mal lavée reste collée à leurs corps tondus et que les ronces épineuses ont écorché leur peau. Aussi les bergers plongent-ils tout le troupeau dans de douces eaux courantes, et le bélier avec sa toison humide est immergé dans un gouffre et s'abandonne au courant du fleuve; ou bien, après la tonte, on leur frotte le corps de marc d'huile amer, mêlé d'écume d'argent [795], de soufre vif[796], de poix de l'Ida[797], de cire grasse et visqueuse, d'oignon marin, d'ellébore fétide et de noir bitume. Mais il n'est pas de remède plus efficace contre les complications que d'ouvrir avec le fer l'orifice de l'ulcère : à demeurer caché le mal se développe et vit, tant que le berger se refuse à livrer la plaie aux mains du médecin et, sans agir, se borne à demander aux dieux des présages meilleurs. De plus, quand la douleur, se glissant chez les brebis jusqu'à l'intérieur des os, y exerce sa fureur, et qu'une fièvre brûlante consume leurs membres, il est bon de détourner ce feu dévorant en piquant sous le pied de l'animal une veine d'où le sang jaillisse : c'est ainsi qu'ont coutume d'en user les Bisaltes[798], et l'impétueux Gélon[799], quand, fuyant sur le Rhodope[800] et dans les déserts des Gètes[801], il boit du lait caillé avec du sang de cheval.

Quand tu verras de loin une brebis se retirer trop souvent sous un doux ombrage, ou brouter sans appétit la pointe des herbes, et marcher la dernière, ou tomber en paissant au milieu de la plaine, et revenir seule et attardée dans la nuit, hâte-toi : réprime le mal avec le fer, avant que l'affreuse contagion ne se glisse parmi le troupeau sans défense. L'ouragan qui déchaîne l'orage s'abat moins fréquemment sur la mer que les épidémies sur les bêtes, et les maladies n'attaquent pas quelques individus isolés, mais enlèvent tout à coup des parcs d'été tout entiers, l'espoir du troupeau et le troupeau en même temps, et toute la race depuis son origine.

Il suffit, pour en juger, de visiter les Alpes aériennes, les chalets du Norique[802] sur leurs éminences, et les champs de l'Iapydie[803] que le Timave[804] arrose : on verra qu'aujourd'hui encore, après tant d'années, les royaumes des pâtres y sont déserts et les fourrés vides dans toutes les directions.

Là, jadis, une maladie de l'air donna naissance à une température déplorable, qui s'embrasa de tous les feux de l'automne[805], livra à la mort toutes les bêtes des troupeaux et toutes les bêtes sauvages, corrompit les lacs et infecta de poison les pâturages. Il y avait plus d'un chemin conduisant à la mort; mais quand une soif de feu, répandue dans toutes les veines, avait réduit les membres pitoyables, à son tour ruisselait un pur liquide qui dissolvait tous les os, peu à peu rongés par le mal. Souvent, au milieu d'un sacrifice aux dieux, debout au pied de l'autel, la victime, au moment où avec un ruban neigeux on lui ceignait la tête de la bandelette de laine, s'affaissa pour mourir entre les mains des ministres hésitants; ou, si le prêtre avait eu le temps de l'immoler avec le fer, ses entrailles ne brûlent pas sur l'autel où elles sont placées et le devin consulté ne peut rendre de réponse; c'est à peine si les couteaux placés sous sa gorge se teignent de sang et si un peu de sanie fonce la surface du sable. Ici, au milieu des riants herbages les veaux meurent en masse et rendent leurs âmes douces près de leurs crèches pleines. Ailleurs la rage s'empare des chiens caressants, et des quintes de toux secouent les porcs malades et suffoquent leurs gorges gonflées [806]. Il succombe, malheureux, oubliant la gloire et la prairie, le cheval vainqueur; il se détourne des fontaines, et, du pied, frappe sans cesse la terre; ses oreilles baissées distillent une sueur incertaine, qui devient froide quand la mort approche; sa peau est sèche, et, rugueuse, résiste à la main qui la touche. Tels sont, les premiers jours, les signes précurseurs de la mort. Mais, si en progressant la recrudescence du mal se fait sentir, alors vraiment les yeux sont enflammés, la respiration tirée du fond de la poitrine, appesantie parfois d'un gémissement; un long hoquet tend le bas des flancs; un sang noir coule des naseaux; la langue sèche presque sur la gorge qu'elle assiège. On eut de bons résultats d'abord en introduisant dans leur bouche avec une corne la liqueur lénéenne [807] (c'était en apparence le seul moyen de sauver les mourants); mais bientôt ce remède même provoqua leur mort : ranimés, ils brûlaient de toutes les fureurs, et dans les angoisses de la mort (dieux, inspirez de meilleures pensées à ceux qui sont pieux et réservez cet égarement à vos ennemis!) ils déchiraient eux-mêmes à belles dents leurs membres en lambeaux.

Mais voici que, fumant sous la dure charrue, le

taureau s'affaisse et vomit à plein gosier un sang mêlé d'écume, et pousse de suprêmes gémissements. Le laboureur s'en va, tout triste, dételer l'autre bœuf affligé de la mort de son frère et laisse sa charrue enfoncée au milieu du sillon. Ni les ombres des profonds bocages, ni les molles prairies ne peuvent toucher leur cœur, non plus que le cours d'eau, qui roulant sur les pierres, plus pur que l'électron, se dirige vers la plaine; mais leurs flancs se détendent, leurs yeux inertes sont frappés de stupeur, et, sous le poids qui l'entraîne, leur cou flotte vers la terre. Que leur servent leur labeur et leurs bienfaits ? que leur sert d'avoir retourné avec le soc de lourdes terres ? Pourtant ce ne sont ni les présents Massiques de Bacchus [808], ni les festins répétés qui leur ont fait mal! ils ont pour seule nourriture les frondaisons et l'herbe simple; pour boisson, des fontaines limpides et des fleuves exercés à la course, et nul souci ne rompt leurs sommeils salutaires!

Ce fut à cette époque, dit-on, que l'on chercha vainement dans ces contrées des génisses pour les fêtes de Junon [809], et que les chars furent conduits à ses hauts sanctuaires par des buffles mal appareillés. Alors donc les habitants du pays fendent à grande peine la terre avec les herses, enfouissent les semences avec leurs ongles mêmes, et gravissent les montagnes en traînant, le cou tendu, de gémissants chariots. Le loup ne dresse plus d'embuscades autour des bergeries et ne rôde plus la nuit près des troupeaux : un souci plus cruel le dompte; les daims timides et les cerfs fuyards errent maintenant, confondus avec les chiens, autour des habitations. La faune de la mer immense et toute la race des êtres qui nagent sont rejetées par le flot sur le bord des rives, comme des corps naufragés; les phoques fuient dépaysés dans les fleuves. La vipère elle-même périt, mal défendue par ses cachettes tortueuses, et les hydres stupéfaites qui dressent leurs écailles. L'air est funeste aux oiseaux eux-mêmes, et ils tombent, laissant la vie au haut des nues.

En outre, peu importe qu'on change de pâturages; les remèdes cherchés sont nuisibles; les maîtres de l'art, Chiron, fils de Philyre [810], et Mélampus, fils d'Amythaon [811], cèdent à la force du mal. La pâle Tisiphone [812], échappée des ténèbres du Styx, sévit en plein jour et pousse devant elle les Maladies et la Peur [813], levant chaque jour plus haut la tête avide qu'elle dresse. Le bêlement des troupeaux et les mugissements répétés font retentir les fleuves et leurs rives desséchées et le penchant des collines. Déjà la Furie abat les animaux par bandes, et entasse, dans les étables mêmes, les cadavres décomposés par une affreuse pourriture, jusqu'au moment où l'on apprend à les couvrir de terre et à les enfouir dans des trous; car leurs peaux n'étaient d'aucun usage, et leurs viscères ne peuvent être ni purifiés par les ondes ni vaincus par la flamme; il n'est même pas possible de tondre leurs toisons rongées par la maladie et la saleté, ni de toucher des tissus qui tombent en poussière; plus encore : quiconque essayait de revêtir ces funestes dépouilles, voyait aussitôt des pustules ardentes et une sueur immonde couvrir ses membres infects, et ne tardait plus longtemps à périr dévoré par les atteintes du feu maudit.

LIVRE QUATRIÈME

LES ABEILLES

Poursuivant mon œuvre, je vais chanter le miel aérien, présent céleste [814] : tourne encore tes regards, Mécène, de ce côté. Je t'offrirai en de petits objets un spectacle admirable : je te dirai les chefs magnanimes, et tour à tour les mœurs de la nation entière, ses passions, ses peuples, ses combats. Mince est le sujet, mais non mince la gloire, si des divinités jalouses laissent le poète chanter et si Apollon exauce ses vœux.

D'abord il faut chercher pour les abeilles un séjour et une habitation où les vents n'aient aucun accès (car les vents les empêchent de porter leur butin chez elles), où ni les brebis ni les chevreaux pétulants ne bondissent sur les fleurs, où la génisse, errant dans la plaine, ne vienne point secouer la rosée et fouler les herbes naissantes. Loin aussi de leurs ruches onctueuses, les lézards bigarrés au dos écailleux [815], les guêpiers et autres oiseaux, Procné surtout qui porte sur sa poitrine l'empreinte de ses mains sanglantes [816]. Car ces oiseaux ravagent tout aux environs et happent au vol les abeilles elles-mêmes, douce pâture pour leurs nids barbares. Mais qu'il y ait là de limpides fontaines, des étangs verts de mousse, et un petit ruisseau fuyant parmi le gazon; qu'un palmier ou un grand olivier sauvage donne de l'ombre à leur vestibule [817]. Ainsi, lorsqu'au printemps, leur saison favorite, les nouveaux rois [818] guideront pour la première fois les essaims, et que cette jeunesse s'ébattra hors des rayons, la rive voisine les invitera à s'abriter contre la chaleur, et l'arbre rencontré les retiendra sous son feuillage hospitalier. Au milieu de l'eau, soit qu'immobile elle dorme, soit qu'elle coule, jette en travers des troncs de saules et de grosses pierres, comme autant de ponts où elles puissent se poser et déployer leurs ailes au soleil d'été, si d'aventure, travailleuses attardées, elles ont été mouillées ou précipitées dans Neptune [819] par l'Eurus [820]. Qu'alentour fleurissent le vert daphné, le serpolet au parfum pénétrant, et force sarriettes à l'odeur tenace, et que des touffes de violettes s'abreuvent à la fontaine qui les arrose.

Les ruches elles-mêmes, ou formées d'écorces creuses, ou tissées d'osier souple, doivent avoir d'étroites ouvertures : car, sous l'influence du froid, l'hiver condense le miel, et la chaleur le liquéfie et le fond. Les deux inconvénients sont pareillement à redouter pour les abeilles; et ce n'est pas sans raison qu'on les voit dans leurs demeures boucher à l'envi avec de la cire les fentes les plus menues, en enduire les bords du suc pétri des fleurs, et recueillir et conserver pour cet usage une gomme plus onctueuse que la glu [821] et que la poix de l'Ida de Phrygie [822]. Souvent même, s'il faut en croire la renommée, elles se creusent des retraites souterraines pour tenir au chaud leur lare, et on en a trouvé logées dans les trous des pierres ponces et dans le creux d'un arbre miné. Ne laisse pas néanmoins d'enduire d'une couche de limon lisse les fentes de leurs demeures, pour que la chaleur règne de toutes parts, et jette par-dessus quelques feuillages. Ne souffre point d'if dans leur voisinage [823]; n'y fais pas, sur le feu, rougir des écrevisses [824]; méfie-toi d'un marais profond, des émanations fétides d'un bourbier et des roches sonores où l'écho répercute le son qui les frappe.

D'ailleurs, quand le soleil d'or a mis l'hiver en fuite et l'a relégué sous la terre, quand le ciel s'est rouvert à l'été lumineux, aussitôt les abeilles parcourent les fourrés et les bois, butinent les fleurs vermeilles, et effleurent, légères, la surface des cours d'eau. Transportées alors de je ne sais quelle douceur de vivre, elles choient leurs couvées et leurs nids; elles façonnent alors avec art la cire nouvelle et composent un miel consistant.

Plus tard, quand tu verras en levant les yeux l'essaim sorti de la ruche nager dans le limpide azur vers les astres du ciel, et que tu l'apercevras étonné qui flotte au gré du vent comme une nuée sombre, suis-le des yeux : toujours il va chercher des eaux douces et des toits de feuillages. Répands, dans ces lieux, les senteurs que je préconise : la mélisse broyée et l'herbe commune de la cérinthe [825]; fais-y retentir l'airain et agite à l'entour les cymbales de la Mère [826]. D'elles-mêmes, les abeilles se poseront aux emplacements ainsi préparés; d'elles-mêmes, elles s'enfermeront, suivant leur habitude, dans leur nouveau berceau.

Mais si elles sortent pour livrer bataille (car souvent la discorde s'élève entre deux rois et provoque un grand trouble) on peut tout de suite prévoir de loin les sentiments de la foule et l'ardeur belliqueuse qui agite les cœurs : l'éclat martial de l'airain gourmande les attardées, et une voix se fait entendre, imitant les accents saccadés des trompettes; puis elles se rassemblent, tumultueuses, font palpiter leurs ailes, aiguisent leurs dards avec leurs trompes, assouplissent leurs membres [827], et serrées autour de leur roi et juste devant le prétoire [828], elles se mêlent et provoquent l'ennemi à grands cris. Aussitôt donc qu'elles ont trouvé un beau jour de printemps et les plaines de l'air libre de nuages, elles s'élancent hors des portes, et c'est le corps à corps; au haut des airs retentit leur fracas; confondues, elles s'assemblent en un rond immense et tombent précipitées; la grêle n'est pas plus serrée dans l'air, et les glands qui pleuvent de l'yeuse qu'on secoue ne sont pas plus nombreux. Les rois, eux, au milieu des rangs, reconnaissables à leurs ailes [829], déploient un grand courage dans une étroite poitrine, s'acharnant à ne pas céder jusqu'au moment où le terrible vainqueur a forcé l'un ou l'autre parti à plier et à tourner le dos. Mais ces ardents courages, ces terribles combats, un peu de poussière jetée en l'air les calme et les apaise. Quand tu auras fait quitter le champ de bataille aux deux chefs, livre à la mort celui qui t'a paru le plus faible, afin qu'il ne soit pas un fardeau inutile : laisse le meilleur régner seul dans sa cour. Celui-ci aura le corps parsemé de mouchetures d'or, car il y a deux espèces : l'un, le meilleur, se distingue par sa figure et par l'éclat de ses écailles rutilantes; l'autre est hideux de lourdeur et traîne sans gloire un large ventre. Ainsi que les rois, les sujets ont un double aspect : les uns sont laids à faire peur, pareils au voyageur qui, venant de marcher dans une couche de poussière, a le gosier desséché, et qui crache une épaisse salive; les autres luisent et brillent d'un éclat vif, et leurs corps sont couverts de mouchetures régulières, aussi brillantes que l'or. Telle est la race qu'il te faut préférer; avec elle tu pourras presser à date fixe [830] un miel doux, et moins doux encore que limpide, et propre à corriger la saveur trop dure de Bacchus [831].

Mais quand les essaims volent sans but, jouent dans le ciel, dédaignent leurs rayons et délaissent leurs ruches froides, tu interdiras à leurs esprits inconstants ce jeu si vain. Tu n'auras point grand'peine à l'interdire : enlève leurs ailes aux rois; les rois restant tranquilles, personne n'osera prendre son essor ni arracher du camp les enseignes [832]. Que des jardins embaumés de fleurs safranées les invitent à s'arrêter, et qu'armé de sa faux de bois de saule, Priape [833] Hellespontiaque [834] les garde et les protège des voleurs et des oiseaux. Qu'il rapporte lui-même des hautes montagnes le thym et les lauriers-tins, pour les planter sur une large étendue autour des ruches, celui qui prend à cœur de tels soins; que lui-même use sa main à ce dur labeur; qu'il fixe lui-même les plants fertiles dans le sol, et les arrose d'ondées amicales.

Pour moi, si, bientôt à la fin de mes peines, je ne pliais mes voiles, et n'avais hâte de tourner ma proue vers la terre, peut-être chanterais-je l'art d'embellir et d'orner les fertiles jardins, et les roseraies de Pestum [835] qui fleurissent deux fois l'an. Je montrerais comment les endives aiment à boire l'eau des ruisseaux, comment l'ache se plaît sur les vertes rives, comment le tortueux concombre voit grossir son ventre parmi l'herbe; et je n'omettrais ni le narcisse lent à former sa chevelure [836], ni la tige de l'acanthe flexible [837], ni les lierres pâles [838], ni les myrtes, amants des rivages [839].

Je me souviens ainsi d'avoir vu au pied des hautes tours de la ville d'Œbalus [840], aux lieux où le noir Galèse [841] arrose de blondissantes cultures, un vieillard de Coryce [842], qui possédait quelques arpents d'un terrain abandonné [843] et dont le sol n'était ni docile aux bœufs de labour, ni favorable au bétail, ni propice à Bacchus [844]. Là pourtant, au milieu de broussailles, il avait planté des légumes espacés, que bordaient des lis blancs, des verveines et le comestible pavot; avec ces richesses, il s'égalait, dans son âme, aux rois; et quand, tard dans la nuit, il rentrait au logis, il chargeait sa table de mets qu'il n'avait point achetés. Il était le premier à cueillir la rose au printemps et les fruits en automne; et, quand le triste hiver fendait encore les pierres de gel, et enchaînait de sa glace les cours d'eau, lui commençait déjà à tondre la chevelure de la souple hyacinthe, raillant l'été trop lent et les zéphyrs en retard. Aussi était-il le premier à voir abonder ses abeilles fécondes et ses essaims nombreux, à presser ses rayons pleins d'un miel écumant; les tilleuls et lauriers-tins étaient pour lui extrêmement féconds; et autant l'arbre fertile, sous sa nouvelle parure de fleurs, s'était couvert de fruits, autant il cueillait de fruits mûrs à l'automne. Il transplanta aussi et disposa par rangées des ormes déjà grands, et le poirier déjà très dur, et d'épineux pruniers portant déjà des prunes, et le platane prêtant déjà ses ombres aux buveurs. Mais je passe sur ces développements, gêné par une carrière trop étroite, et laisse à d'autres sur ce point le soin de traiter le sujet [845].

Maintenant allons! Je vais exposer les instincts merveilleux dont Jupiter lui-même a doté les abeilles, en récompense d'avoir, attirées par les bruyants accords et les retentissantes cymbales des Curètes [846], nourri le roi du ciel dans l'antre de Dicté [847].

Seules, elles élèvent leur progéniture en commun, possèdent des demeures indivises dans leur cité, et passent leur vie sous de puissantes lois; seules, elles connaissent une patrie et des pénates fixes; et, prévoyant la venue de l'hiver, elles s'adonnent l'été au travail et mettent en commun les trésors amassés. Les unes, en effet, veillent à la subsistance, et, fidèles au pacte conclu, se démènent dans les champs; les autres, restées dans les enceintes de leurs demeures, emploient la larme du narcisse [848] et la gomme gluante de l'écorce [849] pour jeter les premières assises des rayons, puis elles y suspendent leurs cires compactes [850]; d'autres font sortir les adultes, espoir de la nation [851]; d'autres épaississent le miel le plus pur et gonflent les alvéoles d'un limpide nectar [852]. Il en est à qui le sort a dévolu de monter la garde aux portes de la ruche; et, tour à tour, elles observent les eaux et les nuées du ciel, ou bien reçoivent les fardeaux des arrivantes, ou bien encore, se formant en colonne, repoussent loin de leurs brèches la paresseuse troupe des frelons [853]. C'est un effervescent travail, et le miel embaumé exhale l'odeur du thym. Ainsi, quand les Cyclopes se hâtent de forger les foudres avec des blocs malléables, les uns, armés de soufflets en peau de taureaux, reçoivent et restituent les souffles de l'air; les autres plongent dans un bassin l'airain qui siffle; l'Etna gémit sous le poids des enclumes; eux lèvent de toutes leurs forces et laissent retomber leurs bras en cadence, et, avec la tenaille mordante, tournent et retournent le fer [854]; de même, s'il est permis de comparer les petites choses aux grandes, les abeilles de Cécrops [855] sont tourmentées d'un désir inné d'amasser, chacune dans son emploi. Les plus vieilles sont chargées du soin de la place, de construire les rayons, de façonner les logis dignes de Dédale [856]; les plus jeunes rentrent fatiguées, à la nuit close, les pattes pleines de thym; elles butinent, de-çà de-là, sur les arbousiers et les saules glauques et le daphné et le safran rougeâtre et le tilleul onctueux [857] et les sombres hyacinthes. Souvent aussi, dans leurs courses errantes, elles se brisent les ailes contre des pierres dures, et vont jusqu'à rendre l'âme sous leur fardeau, tant elles aiment les fleurs et sont glorieuses de produire leur miel. Toutes se reposent de leurs travaux en même temps, toutes reprennent leur travail en même temps [858]. Le matin, elles se ruent hors des portes; aucune ne reste en arrière; puis quand le soir les invite à quitter enfin les plaines où elles butinent, alors elles regagnent leurs logis, alors elles réparent leurs forces. Un bruit se fait entendre; elles bourdonnent autour des bords et du seuil; puis, quand elles ont pris place dans leurs chambres, le silence se fait pour toute la nuit [859], et un sommeil bien gagné s'empare de leurs membres las. Elles ne s'éloignent pas trop de leurs demeures quand la pluie menace, ni ne se hasardent dans le ciel à l'approche des Eurus [860]; mais à l'abri des remparts de leur ville, elles vont faire de l'eau aux alentours et tentent de brèves excursions; souvent elles emportent de petits cailloux [861], qui leur permettent de se maintenir en équilibre dans le vide des nuées, comme ces barques instables que le lest maintient sur le flot qui les secoue.

Ce qui te paraîtra surtout admirable dans les mœurs des abeilles, c'est qu'elles ne se laissent pas aller à l'accouplement, qu'elles n'énervent pas languissamment leur corps au service de Vénus, et qu'elles ne mettent pas leurs petits au monde avec effort. D'elles-mêmes, avec leur trompe, elles recueillent les nouveau-nés éclos sur les feuilles [862] et les herbes suaves; d'elles-mêmes, elles remplacent leur roi et ses petits Quirites [863], et refaçonnent leurs cours et leurs royaumes de cire. Aussi, bien que leur vie soit renfermée en des bornes étroites (car elles ne vivent pas plus de sept étés), leur race, elle, demeure immortelle; la fortune de la famille subsiste pendant nombre d'années, et l'on compte les aïeux de leurs aïeux. J'ajouterai que ni l'Egypte ni la vaste Lydie ni les peuplades des Parthes ni le Mède de l'Hydaspe [864] n'ont autant de vénération pour leur roi. Tant que ce roi est sauf, elles n'ont toutes qu'une seule âme; perdu, elles rompent le pacte, pillent les magasins de miel, brisent les claies des rayons. C'est lui qui surveille leurs travaux; lui qu'elles admirent, qu'elles entourent d'un épais murmure, qu'elles escortent en grand nombre; souvent même elles l'élèvent sur leurs épaules, lui font un bouclier de leurs corps à la guerre et s'exposent aux blessures pour trouver devant lui une belle mort.

D'après ces signes et suivant ces exemples, on a dit que les abeilles avaient une parcelle de la divine intelligence et des émanations éthérées; car, selon certains, Dieu se répand par toutes les terres [865], et les espaces de la mer, et les profondeurs du ciel; c'est de lui que les troupeaux de petit et de gros bétail, les hommes, toute la race des bêtes sauvages empruntent à leur naissance les subtils éléments de la vie; c'est à lui que les êtres sont rendus et retournent après leur dissolution; il n'est point de place pour la mort, mais, vivants, ils s'envolent au nombre des constellations et ils gagnent les hauteurs du ciel.

Si parfois tu veux ouvrir la ruche auguste et prendre le miel en réserve dans ses trésors, commence par t'asperger d'eau puisée à une source, puis purifie ta bouche [866], et arme ta main d'un brandon aux fumées pénétrantes. Car leur colère dépasse toute mesure : si on les offense, elles font des piqûres venimeuses, laissent leurs dards invisibles dans les veines auxquelles elles se sont fixées, et rendent l'âme dans la plaie qu'elles font. Deux fois par an elles amoncellent leur abondante production, et la récolte se fait en deux saisons : l'une, quand la Pléiade Taygète [867] montre à la terre [868] son beau visage et repousse dédaigneusement du pied les flots de l'Océan [869]; l'autre, quand le même astre, fuyant [870] la constellation du Poisson pluvieux [871], descend triste du ciel dans les ondes hivernales.

Plus elles verront leurs trésors épuisés, plus elles mettront d'ardeur à réparer leurs pertes, remplissant les vides et tapissant leurs greniers du suc des fleurs.

Mais si tu crains pour tes abeilles un rude hiver, si tu penses à l'avenir, si tu as pitié de leur désespoir et de leur détresse, alors n'hésite pas à faire des fumigations de thym et à retrancher les cires inutiles. Car souvent, sans qu'on s'en aperçoive, le lézard a rongé les rayons; les cellules sont pleines de blattes qui y cherchent un refuge contre la lumière; la guêpe oisive s'y met à l'affût de la pâture d'autrui; le rugueux frelon, aux armes plus puissantes, y pénètre en intrus, ou la race hideuse des teignes, ou encore l'araignée, odieuse à Minerve [872], qui suspend aux portes ses filets lâches.

Si les abeilles (car leur vie est sujette aux mêmes accidents que la nôtre) sont atteintes d'un triste mal dont elles languissent, tu pourras le reconnaître à des signes qui ne laissent point de doute : à peine sont-elles malades que leur couleur change et qu'une maigreur horrible déforme leurs traits; elles transportent alors hors de leurs logis les cadavres de celles qui ne voient plus la lumière et leur font de tristes funérailles; ou elles se suspendent, enlacées par les pattes, au seuil de la porte, ou bien elles restent toutes sans bouger au fond de leurs demeures closes, engourdies par la faim et contractées par le froid qui les rend paresseuses. On entend alors un bruit plus grave, et elles murmurent, sans interruption : tel mugit parfois le froid Auster dans les forêts; telle frémit la mer agitée lorsque les vagues refluent [873]; tel, dans la fournaise close, bouillonne le feu vorace [874]. Je te conseille alors de brûler dans la ruche des parfums de galbanum [875] et d'y introduire du miel avec des tubes de roseau, exhortant, provoquant ainsi spontanément les abeilles fatiguées à prendre leur pâture familière. Il sera bon d'y joindre aussi de la noix de galle pilée [876] si savoureuse, des roses sèches, du vin doux épaissi à l'ardeur d'un grand feu, des raisins de Psithie [877] séchés au soleil, du thym de Cécrops [878] et des centaurées [879] à l'odeur forte. Il est aussi dans les prés une fleur, que les cultivateurs ont nommée amelle [880], et qui est une plante facile à trouver : car d'une seule motte elle pousse une énorme forêt de tiges, et la fleur est d'or, tandis que, sur les pétales nombreux qui l'environnent, brille faiblement l'éclat de la violette noire. Souvent on en tresse des couronnes pour orner les autels des dieux; la saveur en est âcre à la bouche; les bergers la recueillent dans les vallons qu'ils fauchent, près des eaux sinueuses du Mella [881]. Cuis les racines de cette plante dans Bacchus chargé d'aromates [882], et place aux portes de la ruche des corbeilles pleines de cette pâture.

Mais si l'espèce tout entière vient à manquer soudain, sans qu'on ait de quoi reproduire une nouvelle lignée, il est temps d'exposer la mémorable découverte du maître d'Arcadie [883], et d'expliquer comment le sang corrompu de jeunes taureaux immolés a souvent produit des abeilles. Je vais, remontant assez haut, conter depuis son origine première toute la légende.

Aux lieux où le peuple fortuné [884] de la Pelléenne Canope [885] voit le fleuve Nil débordé étendre ses eaux stagnantes et parcourt ses campagnes sur des barques peintes; aux lieux, dis-je, où le fleuve, que ne gêne plus le voisinage de la Parthie qui porte le carquois, féconde la verte Egypte d'un sable noir, et court se ruer par sept bouches distinctes, en descendant de chez les Indiens basanés [886], tout le pays voit dans ce procédé un remède salutaire et sûr. On choisit d'abord un étroit emplacement, réduit pour l'usage même; on l'enferme de murs surmontés d'un toit de tuiles exigu, et on y ajoute quatre fenêtres, orientées aux quatre vents, et recevant une lumière oblique. Puis on cherche un veau, dont le front de deux ans porte déjà des cornes en croissant; on lui bouche, malgré sa résistance, les deux naseaux et l'orifice de la respiration, et quand il est tombé sous les coups, on lui meurtrit les viscères pour les désagréger sans abîmer la peau. On l'abandonne en cet état dans l'enclos, en disposant sous lui des bouts de branches, du thym et des daphnés frais. Cette opération se fait quand les Zéphyrs commencent à remuer les ondes [887], avant que les prés s'émaillent de nouvelles couleurs, avant que la babillarde hirondelle suspende son nid aux poutres. Cependant le liquide s'est attiédi dans les os tendres et il fermente, et l'on peut voir alors des êtres aux formes étranges [888] : d'abord sans pieds, ils font bientôt siffler leurs ailes, s'entremêlent, et s'élèvent de plus en plus dans l'air léger, jusqu'au moment où ils prennent leur vol, comme la pluie que répandent les nuages en été, ou comme ces flèches que lance le nerf de l'arc, quand d'aventure les Parthes légers se mettent à livrer combat.

Quel dieu, Muses, quel dieu nous a révélé cet art ? Comment cet étrange procédé a-t-il pris naissance chez les hommes ?

Le berger Aristée, fuyant le Pénéien Tempé [889], après avoir, dit-on, perdu ses abeilles par la maladie et par la faim, tout triste s'arrêta à la source sacrée où prend naissance le fleuve, se répandant en plaintes et s'adressant à sa mère en ces termes : « Ma mère, Cyrène [890] ma mère, toi qui habites les profondeurs de ce gouffre, pourquoi m'as-tu fais naître de l'illustre race des dieux (si du moins, comme tu le dis, Apollon de Thymbra [891] est mon père), puisque je suis en butte à la haine des destins ? Ou bien où as-tu relégué cet amour que tu avais pour nous ? Pourquoi m'invitais-tu à espérer le ciel [892] ? Voici que l'honneur même de ma vie mortelle, qu'à grand-peine et après avoir tout tenté m'avait procuré l'ingénieuse surveillance de mes récoltes et de mes troupeaux, je le perds à présent, et tu es ma mère ! Va, continue, et, de ta propre main, arrache mes fertiles vergers, porte dans mes étables un feu ennemi, et détruis mes moissons; brûle mes semailles, et brandis contre mes vignes ta forte hache à deux tranchants, si tu as de ma gloire conçu tant de déplaisir. »

Sa mère alors, au fond de sa chambre dans les profondeurs du fleuve, entendit le son de sa voix. Autour d'elle des Nymphes filaient les toisons de Milet [893], teintes d'une couleur vert foncé, Drymo, Xantho, Légée, Phyllodocé, dont la chevelure brillante flottait sur les cous blancs, et Cydippe, et la blonde Lycorias, l'une vierge, l'autre qui venait pour la première fois d'éprouver les douleurs de Lucine [894], et Clio, et Béroé sa sœur, toutes deux Océanides [895], toutes deux portant une ceinture d'or, et couvertes toutes deux de peaux bigarrées; et Ephyre, et Opis, et Déiopée d'Asie, et l'agile Aréthuse ayant enfin déposé ses flèches [896]. Au milieu d'elles, Clymène racontait la vaine précaution de Vulcain [897], les ruses de Mars et ses doux larcins [898], et elle énumérait, depuis le Chaos [899], les amours innombrables des dieux. Tandis que, charmées par ce chant, elles déroulent la laine molle de leurs fuseaux, une seconde fois la plainte d'Aristée vint frapper les oreilles de sa mère, et, sur leurs sièges de verre, toutes restèrent stupéfaites; mais plus prompte que ses autres sœurs, Aréthuse, regardant d'où le bruit partait, éleva sa tête blonde à la surface de l'onde, et de loin : « Oh! ce n'est pas en vain que tu étais alarmée par de tels gémissements, Cyrène, ô ma sœur! lui-même, l'objet principal de tes soins, triste, Aristée, aux bords de son père le Pénée [900], se tient debout en pleurs, et te traite de cruelle. » A ces mots, le cœur frappé d'un effroi inouï : « Vite, répond la mère, amène-le, amène-le vers nous : il a le droit de toucher le seuil des dieux. » En même temps, elle ordonne au fleuve profond de s'écarter au loin pour livrer passage au jeune homme; l'onde alors, recourbée en forme de montagne, l'entoura, et le reçut dans son vaste sein, et le porta jusqu'au fond du fleuve.

Déjà, il s'avançait, admirant la demeure de sa mère et ses royaumes humides, les lacs enfermés dans des grottes et les bois sacrés sonores, et, frappé de stupeur en voyant le mouvement immense des eaux, il contemplait tous les fleuves qui coulent sous la vaste terre en des directions différentes : le Phase [901] et le Lycus [902], et la source d'où jaillissent d'abord le profond Enipée [903], et l'Hypanis qui fait retentir les rochers [904], et le Caïque de Mysie [905], puis [906] celle d'où s'élance le vénérable Tibre, et l'Anio aux doux flots [907], et, portant sur un front de taureau deux cornes d'or jumelles [908], l'Eridan doré [909], le plus violent des fleuves qui, à travers les cultures fertiles, se précipitent dans la mer vermeille [910].

Lorsqu'on fut parvenu sous la voûte de la chambre d'où pendaient des pierres ponces, et que Cyrène eut appris les vains [911] pleurs de son fils, les nymphes sœurs lui donnent tout à tour des flots d'une onde limpide pour qu'il se lave les mains, et lui présentent des serviettes dont la peluche a été rasée; d'autres chargent les tables de mets et y posent des coupes pleines; les encens de Panchaïe [912] brûlent sur les autels. Et sa mère : « Prends, dit-elle, une coupe de ce Bacchus Méonien [913] : faisons à l'Océan [914] une libation. » En même temps, elle prie l'Océan, père des choses, et les Nymphes sœurs qui gardent cent forêts et qui gardent cent fleuves; trois fois elle versa le limpide nectar sur Vesta embrasée [915];

trois fois un jet bouillant de flamme s'élança au sommet de la voûte. Ce présage le rassure, et d'elle-même elle commence ainsi :

« Il est au gouffre de Carpathos [916] un devin de Neptune, Protée [917] au corps d'azur [918], qui parcourt la grande plaine des mers sur un char attelé de coursiers à deux pieds, moitié poissons et moitié chevaux. En ce moment, il regagne les ports d'Emathie [919] et Pallène [920] sa patrie; nous, les Nymphes, nous le vénérons, et le vieux Nérée [921] lui-même le vénère; car il sait tout, étant devin, ce qui est, ce qui fut, et ce que traîne avec lui l'avenir. Ainsi en a-t-il plu à Neptune, dont il fait paître au fond du gouffre les monstrueux troupeaux et les phoques hideux. C'est lui, mon fils, qu'il te faut d'abord prendre et enchaîner, pour qu'il t'explique complètement la cause de la maladie et lui donne une fin favorable. Car, si tu n'uses de violence, il ne te donnera aucun conseil, et ce n'est pas avec des prières que tu le fléchiras. Quand tu l'auras pris, emploie la force brutale et serre-le dans des liens : c'est l'unique moyen, en les brisant, de rendre vaines ses ruses. Moi-même lorsque le soleil aura allumé ses feux de midi, lorsque les herbes ont soif et que l'ombre plaît déjà davantage au troupeau, je te conduirai à la retraite du vieillard, là où il se repose au sortir des ondes, pour qu'il te soit facile de te jeter sur lui lorsqu'il dormira de tout son long. Mais quand tes mains l'auront pris et que tu le tiendras dans les chaînes, alors, pour se jouer de toi, il prendra diverses figures et même des gueules de bêtes : tout à coup, en effet, il deviendra un sanglier hérissé, un tigre affreux, un dragon écailleux, une lionne à l'encolure fauve; ou bien il fera entendre le bruit de la flamme qui pétille, et ainsi s'échappera de tes liens; ou bien il s'en ira éparpillé en de minces filets d'eau. Mais plus il prendra de formes différentes, plus, mon fils, tu serreras l'étreinte de ses liens, jusqu'à ce qu'il redevienne, après métamorphose, tel que tu l'auras vu, quand le sommeil commencé lui fermait les yeux. »

Elle dit, et verse le limpide parfum de l'ambroisie [922], le répandant sur tout le corps de son fils : alors une suave odeur s'exhala de son élégante chevelure, et une souple vigueur lui pénétra les membres. Il est une grotte immense, au flanc d'un mont rongé par les flots, où l'onde, poussée par le vent, s'engouffre et se replie en des vagues sinueuses, autrefois rade très sûre pour les marins surpris. C'est au fond de cette grotte que Protée s'abrite derrière le vaste rocher. C'est là, dans une cachette, que la Nymphe place son fils, le dos tourné à la lumière; elle se tient à distance, invisible dans les nuées [923].

Déjà le vorace Sirius [924] qui brûle les Indiens altérés s'enflammait dans le ciel, et le soleil en feu avait à demi épuisé son cercle; les herbes se desséchaient et les rayons cuisaient les cavités des fleuves, chauffés jusqu'au limon dans leurs gorges à sec, comme Protée, gagnant du sein des flots son antre accoutumé, s'avançait : autour de lui, la gent humide de la vaste mer en bondissant disperse au loin l'amère rosée. Les phoques, sur le rivage, s'étendent çà et là pour dormir; lui, tel que parfois un gardien d'étable sur les monts, lorsque le soir ramène du pâturage les veaux vers les étables, et que les agneaux aiguisent l'appétit des loups en faisant entendre leurs bêlements, assis sur un rocher au milieu de son troupeau, il le compte et le passe en revue.

Aristée, voyant cette occasion offerte, laisse à peine le temps au vieillard d'allonger ses membres fatigués : il s'élance à grands cris, et le saisit par terre et lui passe les menottes. Protée, de son côté, n'oublie pas ses artifices, il se transforme en toutes sortes d'objets merveilleux : feu, bête horrible, eau limpide qui s'enfuit. Mais comme aucun subterfuge n'aboutit à le sauver, vaincu, il redevient lui-même, et parlant enfin d'une voix humaine : « Qui donc, jeune homme présomptueux entre tous, t'a fait ainsi affronter nos demeures ? Que demandes-tu ici ? » dit-il. Mais Aristée alors : « Tu le sais, Protée, tu le sais mieux que personne, et il n'est au pouvoir de quiconque de te tromper; mais toi aussi cesse de vouloir le faire. C'est en suivant les conseils des dieux que nous sommes venus chercher ici un oracle pour nos vicissitudes. » Il n'en dit pas plus. A ces mots le devin, avec une grande violence, roula enfin ses yeux qu'enflammait une lueur glauque, et, avec un profond grincement de dents, ouvrit la bouche pour l'oracle suivant :

« C'est une divinité qui te poursuit de sa colère : tu expies un grand forfait; ce châtiment, c'est Orphée [925] qu'il faut plaindre pour son sort immérité, qui le suscite contre toi, à moins que les Destins ne s'y opposent, et, qui exerce des sévices cruels pour l'épouse qu'on lui a ravie. Tandis qu'elle te fuyait en se précipitant le long du fleuve, la jeune femme, — et elle allait en mourir, — ne vit pas devant ses pieds une hydre monstrueuse qui hantait les rives dans l'herbe haute. Le chœur des Dryades de son âge emplit alors de sa clameur le sommet des montagnes; on entendit pleurer les contreforts du Rhodope [926], et les hauteurs du Pangée [927], et la terre martiale de Rhésus [928], et les Gètes [929], et l'Hèbre [930], et Orithye l'Actiade [931]. Lui, consolant son douloureux amour sur la creuse écaille de sa lyre [932], c'est toi qu'il chantait, douce épouse, seul avec lui-même sur le rivage solitaire, toi qu'il chantait à la venue du jour, toi qu'il chantait quand le jour s'éloignait. Il entra même aux gorges du Ténare [933], portes profondes de Dis [934], et dans le bois obscur à la noire épouvante, et il aborda les Mânes [935], leur roi redoutable, et ces cœurs qui ne savent pas s'attendrir aux prières humaines. Alors, émues par ses chants, du fond des séjours de l'Erèbe [936], on put voir s'avancer les ombres minces et les fantômes des êtres qui ne voient plus la lumière, aussi nombreux que les milliers d'oiseaux qui se cachent dans les feuilles, quand le soir ou une pluie d'orage les chasse des montagnes : des mères, des maris, des corps de héros magnanimes qui se sont acquittés de la vie, des enfants, des jeunes filles qui ne connurent point les noces, des jeunes gens mis sur des bûchers devant les yeux de leurs parents, autour de qui s'étendent le limon noir et le hideux roseau du Cocyte [937], et le marais détesté avec son onde paresseuse qui les enserre, et le Styx [938] qui neuf fois les enferme dans ses plis. Bien plus, la stupeur saisit les demeures elles-mêmes et les profondeurs

Tartaréennes de la Mort, et les Euménides aux cheveux entrelacés de serpents d'azur; Cerbère [939] retint, béant, ses trois gueules, et la roue d'Ixion [940] s'arrêta avec le vent qui la faisait tourner. Déjà, revenant sur ses pas, il avait échappé à tous les périls, et Eurydice lui étant rendue s'en venait aux souffles d'en haut en marchant derrière son mari (car telle était la loi fixée par Proserpine), quand un accès de démence subite s'empara de l'imprudent amant — démence bien pardonnable, si les Mânes savaient pardonner! Il s'arrêta, et juste au moment où son Eurydice arrivait à la lumière, oubliant tout, hélas! et vaincu dans son âme, il se tourna pour la regarder. Sur-le-champ tout son effort s'écroula, et son pacte avec le cruel tyran fut rompu, et trois fois un bruit éclatant se fit entendre aux étangs de l'Averne [941]. Elle alors : « Quel est donc, dit-elle, cet accès de folie, qui m'a perdue, malheureuse que je suis, et qui t'a perdu, toi, Orphée ? Quel est ce grand accès de folie ? Voici que pour la seconde fois les destins cruels me rappellent en arrière et que le sommeil ferme mes yeux flottants. Adieu à présent; je suis emportée dans la nuit immense qui m'entoure et je te tends des paumes sans force, moi, hélas! qui ne suis plus tienne. » Elle dit, et loin de ses yeux tout à coup, comme une fumée mêlée aux brises ténues, elle s'enfuit dans la direction opposée; et elle eut beau tenter de saisir les ombres, beau vouloir lui parler encore, il ne la vit plus, et le nocher de l'Orcus [942] ne le laissa plus franchir le marais qui la séparait d'elle. Que faire ? où porter ses pas, après s'être vu deux fois ravir son épouse ? Par quels pleurs émouvoir les Mânes, par quelles paroles les Divinités ? Elle, déjà froide, voguait dans la barque Stygienne. On conte qu'il pleura durant sept mois entiers sous une roche aérienne, aux bords du Strymon [943] désert, charmant les tigres et entraînant les chênes avec son chant. Telle, sous l'ombre d'un peuplier, la plaintive Philomèle [944] gémit sur la perte de ses petits, qu'un dur laboureur aux aguets a arrachés de leur nid, alors qu'ils n'avaient point encore de plumes : elle, passe la nuit à pleurer, et, posée sur une branche, elle recommence son chant lamentable, et de ses plaintes douloureuses emplit au loin l'espace. Ni Vénus [945] ni aucun hymen ne fléchirent son cœur; seul, errant à travers les glaces hyperboréennes [946] et le Tanaïs neigeux [947] et les guérets du Riphée [948] que les frimas ne désertent jamais, il pleurait Eurydice perdue et les dons inutiles de Dis. Les mères des Cicones [949], voyant dans cet hommage une marque de mépris, déchirèrent le jeune homme au milieu des sacrifices offerts aux dieux et des orgies du Bacchus nocturne [950], et dispersèrent au loin dans les champs ses membres en lambeaux. Même alors, comme sa tête, arrachée de son col de marbre, roulait au milieu du gouffre, emportée par l'Hèbre Œagrien [951], « Eurydice! » criaient encore sa voix et sa langue glacée, « Ah! malheureuse Eurydice! » tandis que sa vie fuyait, et, tout le long du fleuve, les rives répétaient en écho : « Eurydice! »

Ainsi parla Protée, et d'un bond s'élança dans la mer profonde, et, en plongeant, fit jaillir une colonne tourbillonnante d'écume.

Mais Cyrène ne s'éloigne pas, et, voyant Aristée tremblant, elle lui adresse d'elle-même ces paroles : « O mon fils, tu peux bannir de ton cœur les soucis qui l'affligent. Voilà toute la cause de la maladie; voilà pourquoi les Nymphes, avec qui Eurydice menait des chœurs au fond des bois sacrés, ont lancé la mort sur tes abeilles. Va donc, en suppliant, leur porter des offrandes, leur demandant la paix, et vénère les Napées [952] indulgentes : ainsi, te pardonnant, elles exauceront tes vœux, et apaiseront leurs ressentiments. Mais je veux d'abord te dire point par point la façon dont on les implore. Choisis quatre de ces superbes taureaux au beau corps, qui paissent maintenant pour toi les sommets du Lycée [953] verdoyant, et autant de génisses dont la nuque n'ait point encore été touchée par le joug; dresse-leur quatre autels près des hauts sanctuaires des déesses, fais jaillir de leurs gorges un sang sacré et abandonne leurs corps sous les frondaisons du bois sacré. Puis, quand la neuvième aurore se sera levée, tu jetteras aux mânes d'Orphée les pavots du Léthé [954], tu apaiseras et honoreras Eurydice en lui sacrifiant une génisse; et tu immoleras une brebis noire et retourneras dans le bois sacré. »

Sans retard, sur-le-champ, il exécute les prescriptions de sa mère. Il va au sanctuaire, élève les autels indiqués, amène quatre superbes taureaux au beau corps et autant de génisses dont la nuque n'a point encore été touchée par le joug. Puis, quand la neuvième aurore se fut levée, il offre un sacrifice aux mânes d'Orphée, et retourne dans le bois sacré. Alors, prodige soudain et merveilleux à dire, on voit, parmi les viscères liquéfiés des bœufs des abeilles bourdonner qui en remplissent les flancs, et s'échapper des côtes rompues, et se répandre en des nuées immenses, puis convoler au sommet d'un arbre et laisser pendre leur grappe à ses flexibles rameaux.

Voilà ce que je chantais sur les soins à donner aux guérets et aux troupeaux, ainsi que sur les arbres, pendant que le grand César [955] lançait ses foudres guerrières contre l'Euphrate [956] profond, et, vainqueur, donnait des lois aux peuples soumis, et se frayait un chemin vers l'Olympe. En ce temps-là, la douce Parthénope [957] me nourrissait, moi, Virgile, florissant aux soins d'un obscur loisir, moi qui ai dit par jeu les chansons des bergers [958], et qui, audacieux comme la jeunesse, t'ai chanté, ô Tityre, sous le dôme d'un vaste hêtre [959].

APPENDICES

I

POLLION

Auteur tragique, grammairien, historien, orateur, homme d'action, le personnage qui donna à Virgile, si l'on en croit Servius, l'idée d'écrire *les Bucoliques*, Asinius Pollion, naquit vers 76 av. J.-C., et mourut l'an 5 de notre ère. Il avait d'abord suivi le parti de Pompée, puis s'était attaché à César, avec qui il se trouvait lors du passage du Rubicon et à Pharsale. Après la mort de César, il avait suivi Antoine, qui lui donna le gouvernement de la Gaule Cisalpine et le commandement des légions campées devant Mantoue pour surveiller la distribution des terres qui avaient été promises aux soldats vainqueurs de Brutus et du parti républicain.

Il fut donc, de 43 à 40, le maître au pays du cisalpin Virgile, et l'on n'est point surpris que le poète de Mantoue rappelle son patronage dans la VIIIe Bucolique, célèbre son talent littéraire dans la IIIe et lui dédie enfin la IVe.

Consul en 40 (voir l'appendice suivant), Pollion fut contraint de déposer sa charge avant que l'année expire et renonça aux affaires publiques : on sait du reste par la belle ode première du livre II comment Horace, qui fut aussi son ami, tenta de le détourner de cette résolution.

Sous Auguste, Pollion reparut au barreau et ouvrit une école de déclamation. A des amis qui lui conseillaient de répondre à quelques épigrammes d'Auguste, il répondit, rapporte-t-on : « Il est trop dangereux d'écrire contre qui peut proscrire. »

De toutes les œuvres de Pollion, qui avait composé une *Histoire des guerres civiles*, des *Discours*, des *Tragédies*, il ne reste rien. On a seulement de lui trois lettres adressées à Cicéron.

Ses tragédies étaient illustres en leur temps et lui méritèrent d'insignes éloges. Virgile, dans la VIIIe Bucolique (vers 10), les déclare « seules dignes de Sophocle ». Horace, dans l'ode citée plus haut et dans la 10e pièce du livre I de ses *Satires*, exalte Pollion en qualifiant son genre de « sévère ». L'épithète s'accorde bien avec ce que nous savons du caractère du personnage, que Sénèque le Rhéteur (*Suasoires*, VII, 27), nous montre fier, peu endurant, autoritaire, même dans la disgrâce. C'était chez Messalla : Sextilius Ena, poète médiocre, mais disert, et qui semble avoir eu les qualités et les défauts de ceux que Cicéron nomme les poètes de Cordoue, *Cordubenses poetæ*, donnait lecture d'un poème sur les proscriptions; il débuta par ce vers :

Deflendus Cicero est Latiæque silentia linguæ
« Il faut pleurer Cicéron et le silence de la langue de Latium. »

Pollion prit mal la chose et se leva pour partir : « Messalla, dit-il, ce qu'on est libre de faire chez toi te regarde; mais moi, je ne suis pas disposé à entendre quelqu'un qui me croit muet. »

Ajoutons que cet homme sévère avait néanmoins, si l'on en croit la lettre 3 du livre V de Pline le Jeune, composé de petits vers érotiques.

II

L'ENFANT MYSTÉRIEUX DE LA IVe ÉGLOGUE

Tout en invoquant les Muses de Sicile, c'est-à-dire les muses pastorales, Virgile, dans la IVe *Bucolique* hausse le ton et annonce qu'il va traiter un sujet digne d'un consul, en l'espèce de Pollion (consul en 40), auquel cette églogue est dédiée.

S'adressant à Pollion, il prédit le retour de l'âge d'or, parce qu'un enfant va naître, qui recevra une vie divine et à la naissance duquel la terre s'embellira; à son adolescence, l'humanité vivra sans rien faire, la terre produira tout sans culture; il y aura bien encore quelques traces du mal antique : guerres et expéditions lointaines, mais quand l'enfant sera devenu un homme, les derniers vestiges de la misère humaine disparaîtront : la terre sera un immense jardin, et le poète souhaite de vivre assez longtemps pour chanter le geste radieux de son héros naissant.

Quel est ce héros prédestiné, qui prolongera Jupiter (vers 49), soit que le poète songe ici à d'immortels exploits, soit qu'il envisage une apothéose ? A s'en tenir à la lettre de l'églogue, on remarque préalablement que l'enfant n'est pas d'origine divine, et qu'il ne doit avoir sur cette transformation du monde et ce retour à l'âge d'or aucune influence décisive : il y a simplement concomitance et coïncidence; on remarquera aussi que l'enfant en question est un petit Romain (vers 10, 61), et un futur magistrat qui parcourra le *cursus honorum* (v. 17, 48).

Ces deux remarques permettront d'écarter d'emblée maintes hypothèses fragiles.

1° *Le Christ ?* — Lactance, saint Augustin, Constantin ont voulu voir, en effet, dans l'enfant dont parle le poète le Messie, et cette croyance, habilitée durant le moyen âge, fit mettre Virgile au rang des prophètes.

Mais, outre que Jésus est né 40 ans après le consulat de Pollion, on ne voit rien qui donne à penser que Virgile ait trahi la foi de ses ancêtres.

A-t-il même, tout en restant païen, subi plus ou moins obscurément l'influence d'une littérature messianique ? pressenti l'ère chrétienne ? On a, sur ce point, rappelé le séjour d'Hérode dans la Ville, et le commerce entretenu par celui-ci avec Pollion — mais sans invoquer de fait probant. On a voulu rapprocher certains détails de l'églogue, notamment ceux qui figurent aux vers 22, 24 et 25, des versets d'Isaïe (XI, 6 sq.) — mais ce rapprochement reste vague, et parmi les influences possibles, celles des oracles sibyllins et des textes sur l'âge d'or dans Hésiode et dans Arator est autrement significative.

2° *Le dieu annoncé en juillet* 43 *par la comète dite Sidus Julium ?* — Il suffit, pour réduire cette hypothèse à néant, d'observer comme nous l'avons fait, que l'enfant, né d'une femme, est vivant et romain.

3e *L'enfant attendu en* 40 *par Octave et Scribonie ?* — Cette opinion, défendue avec esprit par Gaston Boissier (*La religion romaine*, t. I, p. 257, en note), se heurte à d'invincibles objections. Tout d'abord l'enfant en question fut une fille, la trop fameuse Julie, et le poète aurait fait preuve d'une rare imprudence et d'une grande naïveté en n'attendant pas d'être sûr que l'enfant serait un fils. En outre il semble bien résulter du texte de Virgile que l'enfant était *déjà né* quand le poète écrivit l'églogue. Enfin il serait bien extraordinaire pour ne pas dire absurde, que Virgile eût dédié à Pollion, partisan d'Antoine, un poème qui eût célébré, comme ramenant l'âge d'or, un enfant né non seulement d'une autre famille que la sienne, mais de celle d'Octave, son ennemi.

4° *Marcellus, fils d'Octavie et neveu d'Octave ?* — M. Jérôme Carcopino, dans son ouvrage sur *Virgile et le Mystère de la IVe Eglogue*, a montré de façon irréfutable que les dates s'opposaient à pareille interprétation.

5° *L'un des deux fils de Pollion ?* — Exclues les précédentes hypothèses, reste celle qui concerne les deux fils d'Asinius Pollion : l'aîné, Asinius Gallus; le cadet, Asinius Saloninus.

Plusieurs témoignages de l'antiquité désignent Gallus; Suétone, saint Jérôme, Servius ne le mettent pas en doute; et Asconius Pédianus affirme tenir de la bouche même de Gallus qu'il s'agissait bien de lui. Il est vrai qu'Asinius Gallus a pu vouloir accréditer une légende flatteuse pour lui-même. D'autre part, M. Jérôme Carcopino (*op. cit.*), assignant à la IVe *Bucolique* la date de composition d'octobre-novembre 40, et à Gallus la date de naissance de 41, préfère voir dans l'enfant mystérieux le cadet de Gallus, Asinius Saloninus. Mais Saloninus, né monstrueux, n'a vécu que huit jours, et rien n'empêche de croire que Virgile, ami de Pollion, n'a pas voulu distinguer entre le consulat nominal et le consulat effectif de celui-ci, et qu'il a célébré à la fois la naissance de Gallus (41) et l'approche de l'an 40 qui devait porter le nom du consul Pollion.

Si l'enfant est Saloninus, la IVe *Bucolique* a été composée au lendemain de la paix de Brindes, au milieu de l'allégresse romaine et serait un hymne enthousiaste. Si l'enfant est Asinius Gallus, l'églogue, écrite un an plus tôt, en pleine guerre civile, serait un chant d'espoir du poète en des temps meilleurs.

III

GALLUS

La Xe *Bucolique* a été écrite par Virgile en l'honneur de Gallus, trahi par sa maîtresse Volumnia, une actrice dont le nom de théâtre était Cythéris et que le poète appelle dans l'églogue Lycoris. Tandis que Gallus défendait contre Sextus Pompée les côtes italiennes, la volage Lycoris avait suivi sur les bords du Rhin un officier de l'armée d'Agrippa.

Que Virgile ait écrit cette bucolique pour fléchir Lycoris ou simplement pour consoler Gallus ou encore pour attirer l'attention du public sur les quatre livres d'*Amours* publiés par Gallus, la pièce est un témoignage d'amitié des plus intéressants.

Qui était donc au juste Gallus ? Et comment est né ce témoignage ?

C. Cornelius Gallus, né en 70 ou 69 av. J.-C. à Fréjus *(forum Julii)* était un « libertin », c'est-à-dire un fils d'affranchi, devenu chevalier romain. Lié avec Octave et Pollion, il avait à peine atteint la trentaine lorsqu'il fut chargé de lever de l'argent dans les municipes de la Gaule Transpadane respectés par la guerre civile pour indemniser ailleurs les propriétaires dépossédés. Puis il prit part à la guerre contre Antoine dans l'état-major d'Octave, participa à la victoire d'Actium, se vit confier aussitôt après la déroute d'Antoine une armée de quatre légions avec laquelle il prit le port de Parétonium où il sut habilement attirer et anéantir la flotte ennemie. Préfet d'Egypte en 30, c'est-à-dire premier vice-roi de cette terre conquise, il réduisit la Thébaïde, remporta deux victoires, mena son armée triomphante au-delà de la cataracte du Nil, « protégea » l'Ethiopie... Il semble que ses succès lui donnèrent alors une sorte de vertige; il fit graver à Philæ une inscription lapidaire dédiée « aux dieux de la patrie et au Nil secourable », *Diis patriis et Nilo adjutori*, qui atteste une immense fierté de l'œuvre accomplie; cette glorification de soi-même était déjà une imprudence : Gallus en ajouta quelques autres; dans la chaleur de l'ivresse, il parla trop dans un banquet : ses propos, offensants pour le prince, furent rapportés à Rome par un « ami », Valérius Largus; le Sénat, dans son zèle à complaire à Octave, ne pardonna pas à Gallus ces diverses imprudences : accusé de concussion, de pillage, abandonné par Octave qui pleura hypocritement sur cet ami devenu fou d'orgueil, combattu par Agrippa, dont il avait trop bien reçu un ennemi intime, le grammairien débauché Cécilius Epirota, il fut condamné et acculé au suicide. Trois hommes seulement osèrent le défendre : Proculéius, qui infligea un témoignage public de mépris au traître Valérius Largus; Ovide, qui laissa entendre dans un distique des *Amours* (III, 9, 63-64) que Gallus succomba à la calomnie; et Virgile, qui, à la fin du IVe livre des *Géorgiques*, comme aux VIe et Xe *Bucoliques*, exalta l'administrateur et le poète.

On sait, par le témoignage de Servius, comment Virgile fut contraint de supprimer, à la demande d'Auguste, le panégyrique de Gallus dans *les Géorgiques* et comment il le remplaça par la fable d'Aristée. Homme d'esprit, et qui aimait les lettres, Octave-Auguste n'en voulait qu'au haut fonctionnaire; il toléra les louanges au poète.

Gallus, en effet, s'il appartenait chronologiquement à la seconde génération des poètes romains, celle qui vint une douzaine d'années après Catulle et Calvus et une quinzaine d'années avant Tibulle, Properce et Ovide, était tenu pour l'égal de ceux-ci et de ceux-là. Ovide, énumérant les élégiaques de Rome, associe Gallus à Tibulle, à Properce et à lui-même (*Trist.*, IV, 10, v. 51-54). Properce, lui, le nomme à côté de Catulle et de Calvus (II, 34 b, v. 87-92). Quintilien (X, 1, 93), le cite parmi ceux qui permettent aux Romains de tenir tête aux Grecs dans l'élégie : « Pour l'élégie, nous ne craignons pas les Grecs; dans ce genre, le modèle plus châtié et le plus élégant me semble être Tibulle; il y en a qui préfèrent Properce; Ovide est plus gracieux que ces deux-là; Gallus plus dur. »

Gallus avait conquis cette réputation si glorieuse en célébrant dans quatre livres d'élégies, intitulées *Amores*, sa maîtresse Lycoris, qui avait appartenu avant lui, entre autres à Antoine, alors tribun du peuple (49 av. J.-C.), puis au sévère Brutus (46-44 av. J.-C.).

De quelle nature étaient les vers de Gallus, dont rien ne reste, sauf un insignifiant pentamètre, nous pouvons seulement l'imaginer et le concevoir d'après le culte voué par le poète à l'alexandrin Euphorion de Chalcis, par lui traduit en latin, et à son amitié pour Parthénius de Nicée, qui étaient l'un et l'autre des poètes doctes, difficiles, obscurs, d'un talent subtil et délicieux.

Le critique, poète lui-même, qui a le mieux parlé de Gallus, Frédéric Plessis (*La Poésie Latine*, pp. 290 sq.), croit être dans la vraisemblance « en imaginant une versification analogue à celle des élégies de Catulle, plus adroite mais pénible encore, une matière et des procédés du même genre que chez Properce et Ovide, là surtout où ceux-ci sont mythologiques, une inspiration faite de charme, de passion et de fierté, comme on peut l'attendre d'un cœur violent et d'un homme qui avait traversé d'éclatantes aventures ».

On ne saurait rien dire qui avive davantage nos regrets à la disparition de l'œuvre de Gallus, mais rien non plus qui soit plus discret ni plus prudent : car de prétendre comme on l'a fait (Skutsch) que le monologue de la Xe et de la VIe *Bucolique* sont des catalogues des thèmes traités par Gallus, c'est trop tirer d'une note de Servius qui, à propos du vers 46 de la Xe *Bucolique*, observe que « tous ces vers sont de Gallus ». Il est en effet, infiniment probable que Virgile, bien loin de reproduire des vers ou des passages entiers de Gallus, a procédé, selon l'habitude des poètes latins, par allusions, c'est-à-dire sans citer avec exactitude.

IV

NOTE SUR LA CHRONOLOGIE DES BUCOLIQUES

L'ordre dans lequel se succèdent les *Bucoliques* n'est pas un ordre chronologique; c'est un ordre d'aménagement littéraire, où il semble que le poète ait voulu faire alterner les dialogues (pièces impaires : 1, 3, 5, 7, 9) et les monologues (pièces paires); sans trop heurter la chronologie : il est certain, par exemple, que la VIIe *Bucolique*, où il y a une allusion à la IIe, est postérieure à celle-ci, et que la VIIIe, datée par l'expédition de Pollion en Illyrie (39), est postérieure à la IVe, datée par le consulat du même Pollion (41). Mais, par ailleurs, toute affirmation serait téméraire, et chaque commentateur propose un ordre un peu différent. Celui qui nous paraît le plus probable est le suivant : 2, 3, 5, 7, 4, 8, 6, 1, 9, 10 (1).

Un érudit ingénieux et brillant, P. Maury, a pu montrer, sinon démontrer, dans une étude intitulée *L'architecture des Bucoliques et le secret de Virgile* (1944) que la structure interne des *Bucoliques* importe plus que l'ordre, en partie conjectural, de leur chronologie. Selon lui, *les Bucoliques* se répondent deux à deux selon le schème 1-9, 2-8, 3-7, 4-6, qui forme un enveloppement concentrique de la *Ve Bucolique*, à laquelle la Xe forme elle-même la réplique inversée. La Ire et la IXe *Bucolique* seraient « les épreuves de la terre », la IIe et la VIIIe, « les épreuves de l'amour », la IIIe et la VIIe seraient des pastorales sereines et lumineuses, que la IVe et la VIe étendent vers l'âge d'or de l'avenir ou les ténèbres du passé, tandis que la Ve, où Daphnis, au seuil de l'Olympe, est le modèle d'une ascension spirituelle éblouissante, et que la Xe nous fait voir Gallus déchu et exclu de l' « Arcadie idéale ».

Comme l'a très bien dit M. Jacques Perret, dans la nouvelle édition, revue et augmentée, de son excellent *Virgile* (Hatier, 1965), « l'apothéose de Daphnis s'épanouit au sein d'un renouvellement cosmique, sous la conduite de Rome et en accord avec les révolutions de la vie politique romaine : Daphnis figure César, et l'âge d'or de la *IVe Bucolique* est un âge d'or romain. Cette triple convergence des perspectives spirituelles, cosmiques, nationales est un fait important : *l'Enéide* n'y ajoutera rien; dès l'origine, la note virgilienne est fixée ».

1. Ribbeck propose l'ordre suivant : 2, 3, 5, 7, 8, 9, 1, 4, 6, 10. Plessis préfère : 2, 3, 5, 4, 6, 7, 8, 1, 9, 10. Jean Bayet : 2, 3, 5, 7, 9, 1, 4, 6, 8, 10.

NOTES SUR LES BUCOLIQUES

I

TITYRE

Le berger Mélibée, se plaint d'être exilé, cependant que Tityre reste dans son domaine : Tityre répond qu'il doit son bonheur à un puissant protecteur, et conte l'heureux voyage qu'il a fait à Rome (1-45). — Mélibée le félicite de sa chance et fait un délicieux tableau du sort de Tityre, qui, à son tour, assure Octave de son éternelle gratitude (46-64). — Mélibée déplore ses propres malheurs, et Tityre l'invite à passer la nuit auprès de lui (65-84).

1. *Un air sylvestre*... Les bergers, dans la saison chaude, menaient leurs troupeaux dans la montagne ou dans les bois.

2. *Ton léger pipeau*... Le pipeau pastoral ou flûte de Pan était un « léger » chalumeau, fait de plusieurs tiges de roseau, de longueur et de grosseur inégales, et liées avec de la cire. Les poètes le nomment tantôt *avena* comme ici, tantôt *arundo*, *calamus*, *cicuta*, *fistula*, *tibia*.

3. *Notre patrie*... Le pays de Mantoue, où des terres avaient été confisquées au profit des vétérans.

4. *Nous fuyons*... A la hâte, et contraints par l'exil.

5. *Un dieu*... Tityre, dans sa gratitude, accorde à Octave le titre de dieu, qui ne lui fut officiellement décerné qu'en 29, et lui rend même (cf. v. 43 sq.) les honneurs d'un culte divin.

6. *Un tendre agneau*... L'offrande d'un agneau était considérée comme bien supérieure à celle d'un porc.

7. *Un grand trouble*... La désolation régnait dans les campagnes mantouanes, où paysans et bergers fuyaient devant les vétérans.

8. *La nôtre*... Mantoue, voisine du village d'Andes (aujourd'hui Pietola).

9. *La Liberté*... La déesse Liberté, qui avait son temple sur l'Aventin et un atrium.

10. *Mon pécule*... Avec la permission de son maître, un esclave pouvait faire ses économies *(peculium)*, qui servaient plus tard à son rachat.

11. *Mes enclos*... Le petit domaine acheté par Tityre sur son pécule.

12. *Ingrate...* Parce qu'elle ne payait pas à leur prix les brebis et les fromages de Tityre.

13. *Là...* A Rome.

14. *Ce jeune héros...* Octave, alors, avait 23 ans. Virgile, en parlant de lui, se sert encore de l'expression *juvenis* au v. 500 du premier livre des Géorgiques :

> *Hunc saltem everso juvenem succurrere sæclo*
> *Ne prohibete.*

« N'empêchez pas du moins ce jeune héros de relever les ruines de ce siècle. »

15. *Deux fois six jours par an...* C'est-à-dire un jour par mois comme pour les dieux Lares, aux Ides selon Servius.

16. *Enfants...* Terme très général de protection, qu'il ne faut pas appliquer strictement à Tityre, traité de vieillard au vers suivant et qui avait déjà (cf. v. 29) la barbe chenue.

17. *Des pierres nues et un marécage aux joncs limoneux, etc...* Il semble bien que Virgile décrive son propre domaine, entre la colline rocheuse et le Mincio.

18. *Ces fleuves que tu connais...* Les eaux du Mincio.

19. *Ces fontaines sacrées...* Consacrées aux Nymphes Napées.

20. *Les abeilles de l'Hybla...* Le miel du mont Hybla, en Sicile, près de Catane (auj. Calatagirone) était renommé.

20 *bis.* Littéralement « le frondateur » (de *frons, frondis*), « feuillage », d'où vient le français « frondaison ». Ce terme a été diversement interprété. On l'a longtemps traduit par *émondeur*. Certains veulent y voir un oiseau chantant sous les feuilles qui tapissent le bas du rocher, ou dans un arbre voisin. Il est difficile, sinon impossible, de se prononcer.

21. *Le Parthe boire l'eau de la Saône ou le Germain celle du Tigre...* Inexact, car si le Tigre sert de frontière aux Parthes, la Saône ne borne point le pays des Germains. Mais Virgile ne se pique pas de précision géographique et nomme un fleuve d'Orient et un fleuve d'Occident, limitrophe ou voisin des Parthes et des Germains.

22. *Les Africains altérés...* Altérés par le soleil. Virgile applique la même épithète aux Indiens brûlés par Sirius (*Géorg.*, IV, 425).

23. *L'Oaxès.* L'Oaxès *(Oaxis* ou *Oxus)*, fleuve de Scythie (auj. Jihurs).

24. *Les Bretons...* Si Mélibée peut avoir entendu parler des Bretons, qu'avait fait connaître l'expédition de César, il est peu vraisemblable qu'il connaisse la Scythie et l'Oaxès.

25. *Impie...* Violateur des foyers et profanateur du culte des ancêtres.

26. *Un barbare...* Il y avait parmi les légionnaires quelques Germains et quelques Gaulois.

27. *L'ombre tombe et s'allonge...* Cf. *Buc.*, II, 67 : *Et sol crescentes decedens duplicat umbras.* « Et le soleil déclinant double les ombres croissantes. »

II

ALEXIS

Le berger Corydon aime Alexis, esclave d'un autre maître, et se plaint de son indifférence (1-18). — Dans l'espoir de gagner son cœur, il vante ses richesses, sa voix harmonieuse, sa beauté (19-27). — Il lui dépeint les joies qu'il pourrait lui donner, s'il venait habiter sa chaumière (28-55). — Puis il recommence à se plaindre et reconnaît en même temps la folie de cet amour (56-73). *Sources :* Théocrite, *Idylles*, 3 et 11; Méléagre, *Anthologie grecque*, XII, 127.

28. *Son maître...* Selon une tradition reproduite par Martial (VIII, 56), par Suétone-Donat et par Servius, ce maître serait Asinius Pollion, à qui appartenait le jeune esclave Alexandre, chanté par Virgile sous le nom d'Alexis. Pollion, ayant remarqué que Virgile « brûlait » d'amour pour Alexandre, le lui aurait donné, et le poète en aurait fait un ami et un grammairien.

29. *Un fourré de hêtres...* Ces hêtres font plus songer aux environs de Mantoue qu'à la Sicile où se passe la scène.

30. *Thestylis...* Servante de ferme, chargée de préparer le repas des moissonneurs.

31. *Broie l'ail, le serpolet et les herbes odorantes...* Ce mets est le *moretum* ou « cachat », ragoût composé d'oignons et de fromages, assaisonné d'huile et de vinaigre et parfumé d'herbes odorantes. On sait qu'une petite pièce réaliste de 124 hexamètres, attribuée sans doute faussement à Virgile, mais qui est peut-être d'un de ses contemporains, a précisément le *Moretum* pour sujet. Très agréable aux paysans de l'Italie, le *moretum* était le seul mets qu'il fût permis d'offrir à Cybèle, aux jeux Mégalésiens. Voir notre traduction de cette pièce dans *La fille d'auberge*, pp. 15 sq., coll. Garnier.

32. *Les blancs troènes...* Les troènes aux fleurs blanches.

33. *Les vaciets noirs...* Les vaciets aux baies noires, dont les anciens se servaient surtout pour la teinture, et dont ils faisaient aussi une tisane rafraîchissante.

34. *Amphion de Dircé...* Amphion, fils de Jupiter et d'Antiope, reine de Thèbes; élevé parmi les pasteurs, il reçut la lyre d'Apollon et en joua si mélodieusement que les pierres vinrent se ranger d'elles-mêmes pour construire les murailles de Thèbes, non loin desquelles était la fontaine de Dircé.

35. *L'Aracynthe Actéen...* L'Aracynthe Actéen, qu'il ne faut pas confondre avec l'Aracynthe d'Etolie, est la montagne située aux

confins de la Boétie et de l'Attique, où Amphion avait été élevé. On l'appelle « Actéen » de l'ancien nom de l'Attique (*acté*, rivage).

36. *Je me suis vu sur le rivage...* Servius fait observer que la mer n'est jamais assez calme pour qu'on puisse s'y mirer. Servius a tort : Corydon a très bien pu voir son image dans les eaux de la Méditerranée. Peut-être d'ailleurs Virgile, que Théocrite entraîne, transporte-t-il ici dans la mer de Sicile, une scène qui a eu lieu dans le lac de Mantoue.

37. *Daphnis...* Daphnis, fils de Mercure et d'une nymphe, célèbre par sa beauté, apprit du dieu Pan à chanter et à jouer de la flûte : il inventa, dit-on, la poésie bucolique. (Cf. v. 32-33, et aussi *Buc.*, VIII, 24; Ovide, *Mét.*, I, 689, sq.)

38. *La verte mauve... L'hibiscus* est une sorte de mauve très haute, la guimauve dont la tige servait à fabriquer des houlettes et divers objets rustiques. Cf. *Buc.*, X, 71 : *Gracili fiscellam texit hibisco.* « Il tresse en corbeille la flexible guimauve. »

39. *Amyntas...* Autre berger, émule de Corydon.

40. *Damétas...* Autre berger, maître et ami de Corydon.

41. *Leur pelage est encore parsemé de blanc...* Parce qu'ils sont tout jeunes : le pelage des chevreuils porte à leur naissance des taches blanches, qui disparaissent vers l'âge de six mois.

42. *Les fruits blanchâtres au duvet tendre...* Les coings.

43. *Ces noix de châtaigniers...* Ces châtaignes.

44. *Des prunes dorées...* Les prunes couleur de cire, les plus estimées des Latins. Cf. Ovide, *Mét.*, XIII, 817 : *novas imitantia ceras*, « imitant la cire fraîche », et aussi Pline, XV, 41, et Columelle, X, 404.

45. *L'Auster...* L'Auster ou Autan, vent du midi qui dessèche les fleurs.

46. *Les dieux aussi...* Entre autres Apollon, faisant paître en Thessalie les troupeaux d'Admète, roi de Phères, quand il fut chassé par Jupiter pour avoir tué à coups de flèches les Cyclopes; — et aussi les divinités éprises du charmant Endymion ou du bel Adonis.

47. *Le Dardanien Pâris...* Pâris, fils de Priam et d'Hécube, descendant de Dardanus. Hécube ayant rêvé qu'elle portait dans son sein un flambeau qui embraserait Troie, Priam le fit exposer dès qu'il fut né. Mais Hécube le sauva et le donna, pour l'élever à des bergers de l'Ida.

48. *Laisse Pallas se plaire aux citadelles qu'elle a bâties...*, Pallas-Athéné fonda Athènes, et elle était considérée comme la protectrice des villes fortes.

49. *Les taureaux rapportent la charrue suspendue à leur joug...* Les anciens Romains, pour aller aux champs ou en revenir, suspendaient au joug le soc renversé de la charrue, qui était un simple timon sans roue avec un gouvernail *(fibiara)*.

III

PALÉMON

Ménalque et Damète, bergers rivaux, se reprochent mutuellement leurs fautes (1-27). — Ils se défient au chant et décrivent les enjeux; l'un vante sa génisse, l'autre ses deux coupes (28-48). — Ils prennent pour juge Palémon (49-59). — Ils chantent leurs amours en vers amébées (60-83), font l'éloge de Pollion (84-91), décrivent de petites scènes champêtres (92-103) et se proposent des énigmes (104-107). — Palémon déclare les deux rivaux également dignes du prix (108-111).

Sources : Théocrite, *Idylles*, 4, 5 et 8.

50. *Etranger...* Parce qu'il n'est pas de la maison *(familia)*. Selon Servius il mérite en outre ce terme d'*étranger* pour les mauvais traitements qu'il exerce sur les troupeaux de son maître.

51. *Deux fois par heure...* Au lieu de deux fois par jour. Il semble bien que Ménalque exagère.

52. *A des hommes...* Damète, plus âgé, traite Ménalque d'enfant irrespectueux.

53. *Qui te...* Damète évite d'achever sa phrase, pour ne pas être grossier.

54. *Antre sacré...* Consacré sans doute aux Nymphes.

55. *Ce fut sans doute quand...* Ironique, Ménalque, au lieu de répondre, s'attribue un méfait commis par Damète.

56. *L'arc et les flèches de Daphnis...* Les bergers avaient un arc et des flèches, pour se défendre contre les voleurs et les loups, et pour chasser.

57. *Lycisca...* Nom de la chienne de Tityre, qui gardait les troupeaux de Damon. On appelait d'ailleurs *Lyciscus* ou *Lycisca* les chiens ou chiennes nés d'un loup (en grec, *lycos*) et d'une chienne.

58. *Aux carrefours...* Où les bergers invoquaient Proserpine, fille de Cérès, leur déesse, en chantant des hymnes en l'honneur de celle-ci.

59. *Alcimédon...* On ignore si le nom est inventé par Virgile, ou n'est que celui d'un ciseleur réputé de l'époque.

60. *Conon...* Astronome et géomètre du IIIe siècle av. J.-C. né à Samos, et dont les ouvrages furent perdus. Il vivait à la cour du roi d'Egypte, Ptolémée Ier Evergète. La femme de ce roi, Bérénice, ayant consacré sa chevelure à Vénus pour obtenir l'heureux retour de Ptolémée qui guerroyait en Syrie, Conon, pour s'attirer les bonnes grâces du roi et de la reine, écrivit que cette chevelure était changée en constellation, et le nom de *chevelure de Bérénice* fut donné à une constellation qu'on venait

de découvrir. Catulle a écrit un poème sur le même sujet, en imitant une pièce aujourd'hui disparue, du poète Callimaque.

61. *Quel était l'autre...* Cet autre serait, selon Servius, Eudoxe de Cnide en Carie, auteur de *Phénomènes* ou observations sur les saisons, et qui vivait au IVe siècle av. J.-C. Certains ont cru plutôt qu'il s'agissait d'Aratus de Tarse en Cilicie, qui vivait au IIIe siècle, comme Conon, et qui composa pour Antigone Gonatas, roi de Macédoine, un poème sur les *Phénomènes*.

62. *Son compas...* Ce compas des anciens était une simple baguette pointue, dont les professeurs d'astronomie et de géométrie se servaient pour tracer des figures sur le sable. On peut en voir un que tient à la main Uranie, dans une peinture célèbre de Pompéi.

63. *Marqué la saison du moissonneur ou du laboureur...* En une sorte d'almanach versifié.

64. *Orphée et les forêts qui le suivent...* La légende rapporte qu'aux accents mélodieux de sa lyre, Orphée entraînait non seulement les bêtes, mais les rochers et les forêts. (Cf. *Géorg.*, IV, 452-526, et Ovide, *Mét.*, X, 1-106.)

65. *Commence, Damète...* Damète est le plus âgé.

66. *Les Camènes...* Antiques divinités de l'Italie, dont le culte fut introduit à Rome par Numa. Elles avaient à Rome un bois sacré; elles prédisaient l'avenir et présidaient à la naissance des enfants. Plus tard les poètes latins les confondirent avec les Muses.

67. *Commençons par Jupiter, Muses...* Cf. Théocrite, 17 : « Commençons par Zeus, Muses. »

68. *Tout est plein de Jupiter...* Idée stoïcienne : Jupiter est l'âme du monde. Cf. Aratus, *Phénomènes*, 1, 4. Cf. aussi *Géorg.*, IV, 220; *En.*, VI, 724, sq.; Lucain, *Pharsale*, IX, 580.

69. *Les lauriers...* Le laurier était consacré à Phébus, qui, poursuivant de sa flamme Daphné, fille de Pénée Thessalien, la vit soudain se muer en laurier, (en grec *daphné*).

70. *L'Hyacinthe...* L'hyacinthe (jacinthe ? lis martagon ? glaïeul ? iris ?) était aussi consacré à Phébus, amant du jeune Hyacinthe, fils du Lacédémonien Amylcos, Zéphyre, qui aimait également Hyacinthe et qui était jaloux de Phébus, se vengea en poussant le palet de celui-ci contre le front de Hyacinthe, qui en reçut une blessure mortelle et fut transformé en la fleur qui porte son nom.

71. *A l'incarnat suave...* Suave, comme le visage rosissant qu'avait le beau Hyacinthe.

72. *Galatée...* Une bergère.

73. *Avec une pomme...* La pomme était consacrée à Vénus.

74. *Amyntas...* Un berger, cf. v. 75.

75. *Délie...* Soit Diane chasseresse, née à Délios, cf. *Buc.*, VII, 29; soit une femme connue de Ménalque.

76. *Pour ma Vénus*... C'est-à-dire pour l'objet de mon amour, pour Galatée.

77. *A mon jeune ami*... A Amyntas.

78. *Phyllis*... Esclave d'Iollas. Damète raille celui-ci en lui demandant Phyllis pour fêter son anniversaire, et en le réclamant, lui, pour le jour religieux et grave des Ambervales, où l'on devait observer l'abstinence.

79. *Le loup est un fléau pour les étables, etc*... Cf. Théocrite, VIII, 57 sq.

80. *Pollion*... Asinius Pollion (83 av. J.-C.-3 ap. J.-C.), après avoir tour à tour servi Pompée, César et Antoine, se retira de la scène politique pour se consacrer à la littérature. Il écrivit des discours, des tragédies, une histoire des guerres civiles : de toute son œuvre, il ne nous reste que trois lettres adressées à Cicéron, cf. notre appendice, p. 175.

81. *Piérides*... Les Muses, ainsi nommées parfois parce qu'elles séjournèrent sur le mont Piérus, en Piérie, dont les habitants, voués à leur culte, fondèrent sur l'Hélicon une autre Piérie, également consacrée aux Muses.

82. *Lecteur*... Pollion, ami des poètes, les faisait connaître par des lectures de leur œuvre.

83. *Des vers d'un goût nouveau*... Pollion appartenait à la nouvelle école de poésie, dont Virgile et Horace furent les plus illustres représentants, Cf. Horace, *Odes*, II, 1, v. 9 sq., et *Satires*, I, 10, v. 42.

84. *L'amome*... Plante orientale au parfum pénétrant. Originaire de l'Assyrie, si l'on en croit Virgile, *Buc.*, IV, 25, de l'Inde, si l'on s'en rapporte à Pline, XII, 28; elle est aujourd'hui fort rare en ces pays, mais on la trouve communément au Japon et dans l'Insulinde.

85. *Bavius*... *Mévius*... Deux poètes de l'époque, ennemis de Virgile et d'Horace, et qui appartenaient à la vieille école. Horace a écrit contre Mévius sa dixième Epode. Bavius à en croire saint Jérôme, serait un certain Vavius, mort en 35 av. J.-C.

86. *Un froid serpent*... Cf. Théocrite, XV, 58.

87. *Je ne sais quel mauvais œil*... Les anciens Romains, comme les Italiens d'aujourd'hui, croyaient beaucoup aux *jettatore*.

88. *Dis en quelles contrées*... Apollon était le dieu de la divination.

89. *Le ciel ne s'étend pas au-delà de trois coudées*... Dans ce vers obscur, où il semble parler par énigmes, Virgile, au témoignage de Servius et des anciens commentateurs, a voulu mettre à la torture les grammairiens à venir, *grammaticis crucem fixisse*. Selon certains, il en aurait lui-même donné la clef à Asconius Pédianus et à Cornificius : ce serait une allusion à un certain Cælius, son compatriote mantouan, qui avait dilapidé son héritage et n'en avait gardé que l'espace de son tombeau, trois cou-

dées (1 m. 33 environ). Selon Servius lui-même, il s'agirait du fond d'un puits, d'où l'on ne voit du ciel que la largeur de l'orifice, trois coudées (?) environ.

90. *Les fleurs où sont inscrits des noms de rois...* Les fleurs de l'hyacinthe, sur les pétales desquelles les Anciens croyaient voir les lettres AI, initiales du roi Ajax, fils de Télamon (dont le sang donna naissance, d'après la légende, à l'hyacinthe). ou encore la lettre Y, initiale du jeune Hyacinthe, prince lacédémonien (voir note 70). Cf. Théocrite, X, 28.

91. *Redoutera les douceurs de l'amour...* Comme Ménalque.

92. *Ou en éprouvera l'amertume...* Comme Damète.

93. *Fermez maintenant les ruisseaux, enfants : les prés ont assez bu...* Il est probable qu'il faut entendre ce vers au sens propre et que Palémon invite des esclaves qui l'ont accompagné à fermer les canaux d'irrigation. Mais on y peut voir aussi une allusion à la fin du chant.

IV

POLLION

Le poète s'adressant à Pollion, annonce la naissance, sous le consulat de son protecteur, d'un enfant qui ramènera l'âge d'or sur la terre (1-17). — Pendant son enfance et son adolescence, la terre d'elle-même produira des fleurs et des plantes et les bêtes féroces s'adouciront (18-30). — Il restera pourtant encore quelques traces de l'ancienne perversité, cause de guerres nouvelles (31-36). — Quand il arrivera à l'âge adulte, le bonheur sera parfait (37-47). — Le poète salue cette ère nouvelle et espère pouvoir la célébrer (48-63).

94. *Muses de Sicile...* C'est-à-dire de Théocrite, né en Sicile et inventeur de la poésie pastorale.

95. *Les humbles tamaris...* Les tamaris étaient consacrés à Apollon, Apollon myrique, qui était parfois représenté tenant une branche dans la main.

96. *Dignes d'un consul...* Dignes de Pollion.

97. *La cuméenne prédiction...* La prédiction de la Sibylle de Cumes.

98. *Le grand ordre des siècles...* Selon les doctrines Etrusques, introduites à Rome et dont s'inspiraient les livres Sibyllins, la vie du monde décrit un cercle : cette révolution s'accomplit en dix âges ou « siècles », au bout desquels commence un nouvel « ordre ». A chaque siècle présidait un Dieu : au premier, Saturne; au dixième et dernier, Apollon. Or, on était entré depuis plusieurs années dans le siècle d'Apollon, qu'allait suivre un nouvel âge d'or, siècle de Saturne.

99. *La Vierge...* Astrée ou la Justice, la *Dikê* des grecs, fille, suivant les uns, du Titan Astréus et de l'Aurore, selon les autres, de Jupiter et de Thémis. Pendant l'âge d'or, elle descendit habiter la terre; dans l'âge de fer, horrifiée par les crimes des hommes, elle remonta au ciel, où elle prit place parmi les constellations sous le nom de la Vierge. Cf. Ovide, *Mét.*, I, 149 :

Et Virgo cæde madentes
Ultima Cælestum terras Astræa reliquit.

« Et, dernière des puissances célestes, la Vierge Astrée quitta les terres mouillées de carnage. »

110. *Lucine...* Déesse qui présidait aux naissances *(Lucina genitalis)*, confondue parfois avec Junon, et plus souvent, comme ici, avec Diane.

101. *Ton cher Apollon...* Apollon était le frère de Diane-Lucine.

102. *Notre crime...* Allusion aux guerres civiles, non encore terminées, puisque Sextus Pompée, exclu du traité de Brindes, empêchait avec sa flotte l'arrivage des blés africains.

103. *Les lierres...* Consacrés à Bacchus.

104. *Le baccar...* Plante odoriférante non identifiée, dont les anciens tiraient un parfum estimé, et qu'ils employaient aussi comme narcotique, et comme préservatif contre les enchantements. Cf. Pline, XXI, 6, 16, et *Buc.*, VII, 28.

105. *Les colocasies...* Plante des bords du Nil, connue à Rome après la conquête de l'Egypte et dont la racine servait, paraît-il d'aliment.

106. *La riante acanthe...* Riante par sa belle couleur pourprée et par sa jolie forme, que les chapiteaux corinthiens ont reproduite.

107. *Fleurs caressantes...* Caressantes, par leurs parfums et leurs suaves couleurs.

108. *L'amome d'Assyrie...* Cf. note 84.

109. *Thétys...* Thétys, nymphe de la mer, fille de Nérée et de Doris, femme de Pélée et mère d'Achille : mise ici pour la mer elle-même. Cf. *Géorg.*, I, 31 :

Teque sibi generum Thetys emat omnibus undis.

« Et que Thétys au prix de toutes ses ondes achète l'honneur de t'avoir pour gendre.»

Le nom de Thétys est très souvent employé par les poètes latins pour signifier la mer, et, chez nous, La Fontaine et Chénier en ont fait grand usage dans le même sens.

110. *Tiphys...* Pilote du navire *Argo*, qui portait en Colchide, à la conquête de la Toison d'or, Jason et les héros d'élite, *delectos heroas*, qui composaient sa troupe. Parmi ces héros se trouvaient Hercule, Orphée, Castor et Pollux, Pélée, etc.

111. *Le pin navigateur...* Même expression dans Horace, *Odes*,

I, 14, 11 : *Pontica pinus* « le pin pontique », et dans Ovide, *passim*.

112. *Un suave rouge pourpre...* Le rouge tiré du murex.

113. *Un safran doré...* Le safran doré tiré de la gaude *(lutum)*, grande herbe avec laquelle on teignait en jaune.

114. *Un vermillon naturel...* Erreur de Virgile, le vermillon étant d'origine minérale et non pas végétale. Ainsi que le note Pline, XXXV, 6, 23, on l'obtenait par un mélange de céruse et de terre rouge.

115. *Honneurs suprêmes...* La préture, l'édilité, le consulat *(tergemini honores)*.

116. *Linus...* Fils d'Apollon et de Calliope, ou, selon d'autres, d'Uranie, ou suivant d'autres encore, de Terpsichore, Linus fut, comme Orphée, un chantre *(vates)* et un prophète. Hercule le tua, parce qu'il ne pouvait apprendre la musique avec lui.

117. *Calliope...* Muse de la poésie épique.

118. *En prenant même l'Arcadie pour juge...* Car l'Arcadie, d'où Pan était originaire, pourrait être suspecte de partialité à son égard.

119. *Ni de la table d'un dieu...* Allusion possible à Vulcain, que ses parents, Jupiter et Junon, précipitèrent du ciel pour sa difformité, et que Jupiter refusa d'admettre à sa table et Minerve dans son lit.

V

DAPHNIS

Deux bergers, Ménalque et Mopsus, s'adressent de mutuels compliments (1-19). — Mopsus pleure la mort de Daphnis, héros pastoral de la Sicile (20-44). — Ménalque le félicite de son talent et loue aussi Daphnis (45-55). — Il dépeint l'apothéose de Daphnis (56-80). — Mopsus, à son tour, félicite Ménalque de son talent, et les deux bergers se séparent après s'être fait de mutuels présents (81-90).

Sources : Théocrite, *Idylle* 1, — Moschus, *Idylle sur Bion*. — Bion, *Idylle sur Adonis*.

120. *Les feux de Phyllis, ou les louanges d'Alcon, ou les défis de Codrus...* Phyllis, princesse de Thrace, se jeta dans la mer à la suite d'un chagrin d'amour; Alcon, fils du roi d'Athènes Erechthée, tua d'une flèche un serpent enroulé autour d'un enfant; Codrus, dernier roi d'Athènes, qui se déguisa en paysan, défia un soldat ennemi et se fit tuer, parce que l'oracle avait dit que le peuple dont le roi serait tué remporterait la victoire. Peut-être faut-il voir dans les vers de Virgile une allusion à ces faits légendaires. Peut-être aussi ne faut-il voir dans ces trois noms

que des noms de bergers. Virgile parle encore d'un Codrus, dans la septième Bucolique (V, 22 et 26) : c'est un poète dont il aime le talent. Si c'est le même Codrus, dont il est question ici, il serait alors un rival de Mopsus.

121. *Tityre...* Autre berger, ou peut-être un esclave du père de Mopsus.

122. *Nard...* Plante des bois, très odorante, appelée encore valériane.

123. *Les lions puniques...* Ils passaient pour plus féroces que les autres.

124. *Atteler à un char les tigres d'Arménie...* Au char de Bacchus communément attelé de deux tigres ou de deux lions; quelquefois de deux panthères.

125. *Thiases...* Danses en l'honneur de Bacchus.

126. *Les souples thyrses...* Le thyrse était un bois de lance flexible, entouré de feuilles de lierre et de vigne, qui servait de sceptre à Bacchus et que portaient dans ses fêtes les Bacchantes.

127. *Palès...* Déesse des bergers, des troupeaux et des pâturages, protectrice du mont Palatin. Ses fêtes, les Palilies, coïncidaient avec l'anniversaire de la fondation de Rome par Romulus (le 11e jour des calendes de mai).

128. *Apollon...* Apollon protégeait aussi les bergers et leurs pâturages (Apollon des Pâturages, en grec *Nomios*) depuis le temps où il avait gardé à Phères, en Thessalie, les troupeaux d'Admète.

129. *L'ivraie sauvage...* Dite encore « ivraie enivrante » *(lolium temulentum)*.

130. *Les stériles avoines...* Il s'agit de la « folle avoine », qui étouffe le blé par la racine.

131. *Narcisse pourpre...* Celui qu'on appelle le narcisse des poètes et qu'on nomme en Provence l'œillet de Pâques : sa fleur est blanche, bordée de pourpre.

132. *Mettez des ombrages aux fontaines...* En y plantant des arbres.

133. *Ton maitre...* Daphnis.

134... *Stimichon...* Un berger.

135. *Eblouissant...* Comme le sont les dieux et les héros. Cf. Horace, qui applique la même épithète à Jason, *Ep.*, III, 9, et à Bacchus, *Odes*, 1, 18, 11.

136. *Ces deux grandes...* Les grands dieux avaient droit à des autels plus élevés *(altaria)* que les autels ordinaires *(aræ)*.

137. *Pour Phébus...* Les Jeux en l'honneur de Phébus, dits Jeux Apollinaires, créés pendant la seconde guerre Punique, se célébraient la veille des nones de juillet, le 6 juillet.

138. *Ariusium...* Promontoire de l'île de Chio (auj. Saki-Andassi), célèbre par ses coteaux aux belles vignes.

139. *Le Lyctien...* Habitant de Lyctus, ville située dans la partie orientale de la Crète.

140. *Les Satyres dansants...* Couverts de peaux de bouc, et la tête couronnée d'une crinière, les Satyres se livraient dans les jeux romains à des danses trépidantes.

141. *Quand nous accorderons aux Nymphes le tribut de nos vœux annuels...* C'est-à-dire le 16e jour des calendes d'avril (17 mars), aux Libéralies.

142. *Quand nous purifierons nos champs...* A la fin d'avril, aux Ambarvales, où l'on faisait une procession autour des champs en promenant une victime. Cf. *Géorg.*, I, 345.

143. *Les cigales de rosée...* Croyance ancienne. Cf. Hésiode, *Bouclier d'Herc.*, 395, et aussi Anacréon, 43, 3; Théocrite, 4, 16.

144. *Moins doux... à mon oreille le sifflement de l'Auster...* Doux sans doute parce qu'il apportait l'orage et la fraîcheur.

145. *Cette légère ciguë...* Un pipeau pastoral, fait d'une tige ou de plusieurs tiges de ciguë *(cicuta)* Cf. note 2.

VI

SILÈNE

Virgile, après avoir tenté la poésie épique, revient à la poésie bucolique et dédie ses vers à Varus (1-12). — Deux bergers, Chromis et Mnasyle, et la nymphe Eglé surprennent Silène ivre, le chargent de liens et lui promettent sa liberté s'il consent à chanter (13-26). — Silène chante l'origine du monde (27-40), cite les légendes de Pyrrha, de Prométhée, d'Hylas (41-44), conte l'histoire de Pasiphaé (45-60), rappelle la légende d'Atalante celle des sœurs de Phaéton et les hommages rendus par les Muses à Gallus (61-73), puis il chante, Scylla, Thérée et Philomèle (74-81). — Toute la nature charmée l'écoute passionnément (82-86).

146. *La première...* A Rome.

147. *Notre Thalie...* Thalie, qui devint la muse des festins et de la comédie, fut à l'origine une muse agricole, qui tenait à la main, comme les divinités champêtres, une houlette.

148. *Des vers syracusains...* Des vers bucoliques, genre cultivé par Théocrite, né à Syracuse.

149. *Le dieu du Cynthe...* Apollon, que Latone mit au monde à Délos, sur les hauteurs du Cynthe.

150. *Tityre...* Virgile se mue en Tityre.

151. Varus... Sans doute L. Alfénus Varus, qui, après Pérouse, succéda à Pollion comme gouverneur de la Cisalpine, et qui, en

cette qualité, maintint à Virgile son patrimoine; le même probablement dont il est question dans la IXe Bucolique, 26 sq.

152. *Piérides...* Cf. note 81.

153. *Chromis et Mnasyle...* Deux petits bergers.

154. *Silène...* Demi-dieu champêtre, fils de Pan et d'une nymphe volage, qui fut le père nourricier de Bacchus. C'était un petit vieillard, gras et chauve, généralement monté sur un âne, et toujours ivre.

155. *Iacchus...* Nom mystique de Bacchus.

156. *Eglé, la plus belle des Naïades...* Fille du Soleil et de Néère, dont le nom grec *Aiglê* signifie lumineuse, ensoleillée.

157. *Les Faunes...* Confondus par Virgile avec les Satyres, les Faunes, descendants du grands dieu latin Faunus, participaient du dieu, de l'homme et de l'animal. Leur ancêtre, Faunus, présidait à la fécondation des troupeaux et les préservait du loup.

158. *Le Parnasse rocheux...* Montagne à double cime *(bifrons)* de la Phocide, consacrée aux Muses et à Apollon (auj. le mont Liakoura).

159. *Le Rhodope* et *l'Ismare...* Montagnes de la Thrace, pays de la légende d'Orphée (auj. le Despoto-Dagh et le Maro-Dagh).

160. *Nérée...* Dieu marin, fils de l'Océan (Pontus) et de la Terre. « Renfermer Nérée dans la mer », c'est séparer la mer de la terre.

161. *Les cailloux jetés par Pyrrha...* Pyrrha, et son mari Deucalion, fils de Prométhée, échappés seuls au déluge furent portés par une barque au sommet du Parnasse, où l'oracle d'Apollon les invita, pour repeupler la terre, à jeter derrière eux « les os de leur mère ». Ils comprirent qu'il s'agissait des cailloux de la terre. Ceux qui furent jetés par Deucalion devinrent des hommes; par Pyrrha, des femmes.

162. *Les oiseaux du Caucase et le larcin de Prométhée...* Prométhée, fils de Japet et de l'Océanide Clymène, ayant ravi le feu du ciel pour animer l'homme par lui formé du limon terrestre, se vit enchaîner par Jupiter sur le Caucase, où un vautour (plusieurs, semble dire Virgile) lui dévorait le foie sans cesse renaissant.

163. *Hylas...* L'un des Argonautes, favori d'Hercule, disparu sur la côte de la Mysie, en puisant de l'eau à une fontaine, dont les naïades, amoureuses de sa beauté, l'attirèrent.

164. *Pasiphaé éprise de son taureau neigeux...* Pasiphaé, fille de Phébus-Apollon et de la nymphe Perséis, femme de Minos, roi de Crète, s'éprit d'un blanc taureau.

165. *Les Prétides ont rempli les campagnes de faux mugissements...* Les trois filles de Prétus, roi d'Argos, frappées de folie par Junon, à qui elles avaient osé se comparer, se crurent transformées en génisses, mais elles ne l'étaient pas réellement : d'où l'expression de « faux mugissements ». Mélampe, pour les guérir

de leur fatale erreur, exigea les deux tiers du royaume de leur père.

166. *Dicté*... Montagne de la Crète orientale.

167. *Gortyne*... Ville du sud de la Crète, sur le fleuve Léthé, près de la mer, non loin duquel paissaient les chevaux du Soleil.

168. *La jeune fille*... Atalante, fille de Schœnée, roi de Scyros. défiait à la course ses prétendants et, vaincus, les mettait à mort. Mais l'un d'eux, Hippomène, ayant reçu de Vénus trois pommes des Hespérides, les laissa tomber une à une en courant. Atalante s'arrêta pour les ramasser et, pendant ce temps, fut battue. Cf. Ovide, *Mét.*, X, 560 sq.

169. *Les Phaéthontiades*... Ou Héliades, filles du Soleil et de l'Océanide Clymène, sœurs de Phaéton. Elles pleurèrent leur frère pendant quatre mois entiers et furent changées en aunes (cf. V, 83) ou en peupliers (cf. *En.*, X, 190) : *Populeas inter frondes umbramque sororum.* Ovide, *Mét.*, II, 340 et sq., a délicieusement chanté leur métamorphose.

170. *Gallus*... Poète élégiaque romain (66-26 av. J.-C.), ami de Virgile, qui lui a dédié la Xe Bucolique, ami d'Auguste qui le fit préfet d'Egypte, mais l'exila pour ses exactions. Gallus alors se donna la mort. Il ne nous reste aucune œuvre de lui; mais il avait composé quatre livres d'Elégies, les *Amores*, inspirés par sa passion pour Lycoris. Voir l'appendice, p. 178.

171. *Permesse*... Rivière de Béotie (auj. Panitza), qui sortait de l'Hélicon et se jetait dans le lac Copaïs : ses bords inspiraient les poètes.

172. *L'une des sœurs*... L'une des Muses.

173. *Aux montagnes d'Aonie*... Montagnes de Béotie, dont la plus fameuse était l'Hélicon : elles tirent leur nom de l'ancien roi Aon.

174. *Le chœur entier de Phébus*... Les neuf Muses.

175. *Linus*... Cf. note 116.

176. *D'ache amère*... L'ache ou céleri sauvage est une plante marécageuse, dont les fortes feuilles vertes, bien dessinées, étaient recherchées pour faire des couronnes, et avaient une saveur très âcre (cf. Pline, XX, 11, 113). Cf. Horace, *Odes*, II, 7, 23 :

Quis udo
De properare apio coronas
Curatve myrto ?

177. *Au vieillard d'Ascra*... A Hésiode, qui, au début de sa *Théogonie* se représente un berger de l'Hélicon, recevant des Muses un sceptre fait de lauriers. Virgile attribue à Gallus la même fortune.

178. *Il faisait descendre des montagnes les frênes les plus durs*... Par la même puissance que la légende attribue à Orphée.

179. *La forêt de Grynée*... En Eolide d'Asie; elle renfermait un temple d'Apollon.

180. *Scylla, fille de Nisus*... Suivant une tradition alexandrine, Virgile mêle ici, comme ailleurs Ovide, *Fastes*, IV, 500, et Properce, *El.*, IV, 39 et sq., deux légendes. L'une concerne Scylla, fille de Nisus, roi de Mégare, qui trahit son père par amour pour Minos qui faisait le siège de la ville, en remettant à celui-ci un cheveu pourpre auquel était attachée la conservation du royaume: Minos prit la ville, et attacha Scylla au mât de son navire, où elle fut changée en aigrette. La seconde légende concerne Scylla, fille de Phorcus, aimée de Glaucus et changée en un monstre marin par la jalousie de Circé : désespérée, elle se jeta dans la mer, effrayant les matelots par ses cris, comme les effrayèrent ensuite les flots qui se brisaient sur l'écueil de Scylla (auj. la Rema, dans le détroit de Sicile).

181. *Les radeaux de Dulichie*... Les vaisseaux d'Ulysse, ainsi nommés du nom de Dulichie (auj. Neochori), l'une des Echinades, qui dépendait du royaume d'Ithaque.

182. *Térée*... Térée, roi de Thrace, épousa Procné, une des filles de Pandion, roi d'Athènes, et en eut un fils, Itys. Mais s'étant épris de sa belle-sœur Philomèle, sa femme, pour se venger, servit à Térée dans un festin le corps d'Itys son fils. Quand Térée découvrit la vérité, il poursuivit Procné et Philomèle : les dieux alors transformèrent Térée en épervier, Itys en chardonneret, Procné en hirondelle et Philomèle en rossignol. Virgile, ici, fait de Philomèle la femme et de Procné la belle-sœur de Térée.

183. *Entendit chanter à Phébus*... Quand Phébus, épris du beau Hyacinthe, improvisait des chants d'amour sur ses bords.

184. *Vesper*... L'étoile du berger ou étoile du soir, c'est-à-dire la planète Vénus, qui annonce l'arrivée de la nuit, et qui est d'ailleurs la même planète que Lucifer, l'étoile du matin.

VII

MÉLIBÉE

Mélibée conte sa causerie avec Daphnis et les circonstances qui le firent assister à la lutte poétique de deux bergers, Corydon et Thyrsis (1-20). — Les deux bergers invoquent les Muses, Diane et Priape (21-36), puis ils chantent leurs amours (37-68). — Le prix est décerné à Corydon (69-70).

Sources : Théocrite, *Id.*, 8 et aussi 7, 9, 11, Enykios, *Anthologie grecque*, VI, 96.

185. *Daphnis*... Un berger, qui n'est pas le Daphnis de la IIIe Bucolique.

186. *Arcadiens tous deux...* Non de naissance, mais par leur goût pour la poésie champêtre et leur talent.

187. *J'abritais du froid mes tendres myrtes...* En les couvrant de paille.

188. *Le héros de mon troupeau... Vir*, dit Virgile, c'est-à-dire à la fois le mâle et le chef, le héros. Cf. la même expression dans Théocrite, VII, 49 : « le mâle des chèvres ».

189. *Le Mincio...* Le Mincio *(Mincio)* prend sa source dans les Alpes, et traverse le lac de Garde *(lacus Benacus)* avant d'arroser Mantoue et de se jeter dans le Pô.

190. *Ce chêne sacré...* Le chêne était un arbre sacré, l'arbre de Zeus-Jupiter.

191. *Ni Alcippe ni Phyllis...* Servantes, la première de Corydon, la seconde de Thyrsis.

192. *Nymphes Libéthrides...* Nymphes du Libéthros (ou Libéthra), grotte de l'Hélicon d'où sortait une fontaine, consacrée aux Muses.

193. *Mon Codrus...* Cf. note 120.

194. *Ce pin sacré...* Le pin était consacré à Pan. Cf. Properce, I, 18 : *Arcadio pinus amata deo*, « le pin aimé du dieu arcadien ».

195. *Baccar...* Cf. note 104.

196. *Le jeune Mycon...* Corydon se transforme en Mycon, jeune chasseur, et, selon l'usage, suspend dans le temple de Diane les trophées de sa chasse.

197. *Délienne...* Diane, née à Délos. Cf. note 75.

198. *Les jambes chaussées d'un cothurne de pourpre...* Le cothurne enveloppait, en effet, la jambe entière. Cf. *En.*, I, 337 : *alte suras vincire cothurno*, « serrer leurs jambes dans un cothurne ».

199. *Priape...* Fils de Bacchus et de Vénus, dieu des jardins et des campagnes.

200. *Fille de Nérée, Galatée...* Fille de Nérée et de Doris, Galatée fut aimée du Polyphème; cf. Théocrite, *Id.*, 6 et 11. Corydon la choisit comme amante imaginaire.

201. *Le thym de l'Hybla...* Cf. note 20.

202. *Le lierre blanc...* On distingue le lierre blanc *(candida* ou *alba)* et le lierre sombre *(nigra* ou *atra)*. Cf. Pline, XVI, 34, 62.

203. *Les herbes de Sardaigne...* Elles étaient très amères, et communiquaient leur amertume au miel des abeilles; cf. Horace, *Art poét.*, 375 : *Sardo cum melle papaver*. La plus amère était la renoncule scélérate *(ranunculus sceleratus)*, dont le jus provoquait des spasmes et des contractions du visage semblables au rire, d'où l'expression de « rire sardonique ».

204. *Le houx...* Il s'agit ici d'un houx particulièrement épineux, nommé fragon ou petit houx.

205. *Plus vil que l'algue...* Cf. Horace, *Odes*, III, 7, 10 : « l'algue qui ne sert à rien », *alga inutilis*.

206. *Herbe plus molle que le sommeil...* Cf. Théocrite, 5, 51.

207. *Arbousier vert qui les couvre de ton ombre rare...* L'arbousier a une ombre rare, parce que ses feuilles sont fort petites et fort peu rapprochées.

208. *Du solstice...* Du moment de l'année où le soleil se trouve à sa plus grande distance de l'équateur et où les chaleurs sont les plus grandes.

209. *Les battants sont noirs d'une éternelle fumée...* Les battants de la porte : les maisons des paysans n'ayant pas de cheminée, la fumée sortait par la porte.

210. *Des froideurs de Borée...* Borée, fils d'Astrée et de l'Aurore, personnifiait le vent du Nord sous les traits d'un vieillard chenu.

211. *Les châtaigniers épineux...* Les châtaigniers aux fruits hérissés de coques épineuses.

212. *Le bel Alexis...* Souvenir de la IIe Bucolique.

213. *Liber...* Bacchus.

214. *Jupiter...* Jupiter personnifie le ciel et ses phénomènes. Cf. *Géorg.*, I, 418 : *Jupiter uvidus*, « Jupiter mouillé ». Cf. aussi les expressions en grec *(Zeus uici)* et en latin, *Jupiter descendit*, pour dire : il pleut.

215. *Le peuplier est très agréable à l'Alcide...* Le peuplier était, en effet, consacré à Hercule, petit-fils d'Alcée. Cf. *Géorg.*, II, 66; *En.*, III, 276; et Théocrite, 2, 121; Horace, *Odes*, I, 7, 23, etc.

216. *Le pin dans les jardins...* Le pin, *pinus culta*, ornait, en effet, les jardins des anciens.

VIII

LA MAGICIENNE

Le poète annonce qu'il va redire les chants de deux bergers rivaux, Damon et Alphésibée (1-5), puis, après une invocation à Pollion (6-13), il met en scène Damon, qui chante les plaintes d'un berger abandonné par celle qu'il aime (14-61), et Alphésibée qui fait le récit des opérations magiques à l'aide desquelles une femme trahie réussit à ramener l'infidèle Daphnis (62-109).

Sources : Théocrite, *Id.*, 3, pour la première partie; *Id.*, 2, pour la seconde.

217. *Les lynx charmés...* On ne s'attendait pas à trouver des lynx ici, le lynx étant un animal africain. Peut-être Virgile se souvient-il de Callimaque qui place des lynx sur le Ménale d'Arcadie, *Dion.*, 89.

218. *Toi...* Pollion.

219. *Les roches du grand Timave...* Le Timave (auj. Timavo) prend sa source dans la région rocheuse *(saxa)* de Goritz, s'élargit considérablement (d'où l'épithète de *magni;* cf. *En.*, I, 144) et, séparant l'Istrie de la Vénétie, se jette dans l'Adriatique, au nord du golfe de Trieste.

220. *Tu longes...* Sur terre.

221. *La mer d'Illyrie...* La partie de l'Adriatique qui baigne l'Illyrie.

222. *Tes hauts faits...* Pollion venait de vaincre les Dalmates et allait recevoir les honneurs du triomphe. Cf. Horace, *Odes*, II, 1, 15 :

Cui laurus æternos honores
Dalmatico peperit triumpho

« à qui le laurier procura d'éternels honneurs dans son triomphe sur les Dalmates. »

223. *Du cothurne...* Chaussure de l'acteur tragique, pour dire : de la tragédie.

224. *De Sophocle...* Virgile loue, comme Horace, les tragédies de Pollion : cf. *Od.*, II, 1, 11.

225. *Composés sur tes ordres...* Pollion avait exhorté Virgile à écrire des Bucoliques.

226. *Ce lierre...* Le lierre du poète.

227. *Tes lauriers...* Les lauriers du triomphateur.

228. *Appuyé sur sa houlette en bois d'olivier...* Attitude classique, souvent reproduite dans les fresques et les bas-reliefs; cf. Théocrite, 3, 38, et 7, 18.

229. *Lucifer...* La planète Vénus, cf. note 184.

230. *Les vers du Ménale...* Les vers bucoliques (cf. les trois vers suivants).

231. *Des bois mélodieux...* Mélodieux, soit parce que le vent bruit dans leurs frondaisons (cf. *Buc.*, VII, 1), soit parce qu'ils retentissent du chant des bergers, soit pour les deux raisons à la fois.

232. *Les griffons...* Animaux fabuleux ayant le corps et les pattes du lion, la tête et les ailes de l'aigle, et qu'on représentait souvent sur les tombeaux et les urnes funèbres, parce qu'ils étaient l'emblème de l'attention et de la vigilance. Hérodote conte (III, 116; IV, 13) qu'ils gardaient en Scythie des trésors dont voulaient s'emparer les Arismapes, cavaliers qui n'avaient qu'un œil et montaient des chevaux rapides : d'où la haine des griffons pour les chevaux.

233. *Taille des torches nouvelles...* Pour conduire l'épouse au seuil nuptial de l'époux.

234. *Sème les noix...* Rite nuptial, qui montrait que le marié renonçait aux jeux de la jeunesse, pour ne songer qu'à ses devoirs d'époux. Cf. Catulle, LX, 128 et sq.

235. *Vesper abandonne l'Œta...* Souvenir de Catulle, LXII, 7 : Vesper, « l'étoile du soir », quittant l'Œta, montagne de Thessalie, pour monter au ciel, annonçait la venue de la nuit, et le moment où l'épouse est conduite à l'époux.

236. *Un époux digne de toi...* Ironique : Mopsus est grossier.

237. *Ma longue barbe...* Cf. Théocrite, 3, 7.

238. *Le Tmare...* Mont d'Epire.

239. *Le Rhodope...* Montagne de Thrace, Cf. note 159.

240. Les Garamantes habitaient au sud de la Numidie, dans le Fezzan actuel; leur capitale était Garama, auj. Gherma.

241. *A souiller ses mains du sang de ses fils...* Allusion à Médée, qui égorgea ses enfants, pour se venger de son mari Jason, qui l'avait abandonnée pour épouser Glaucé, fille de Crésus, roi de Corinthe.

242. *Distiller l'ambre onctueux...* Les anciens croyaient que l'ambre était une sorte de résine distillée par certains peupliers et certains aunes; cf. Ovide, *Mét.*, II, 364 et sq.

243. *Tityre...* Le premier berger venu.

244. *Arion...* Chanteur grec célèbre, né à Méthymne (auj. Molivo), dans l'île de Lesbos; revenant d'Italie pour gagner son séjour habituel de Corinthe où il vivait à la cour du roi Périandre, il fut jeté à la mer par des matelots qui convoitaient ses richesses; mais un dauphin le prit sur son dos et le porta sain et sauf jusqu'au cap Ténare.

245. *Piérides...* Cf. note 81.

246. *De l'eau...* De l'eau lustrale.

247. *D'une souple bandelette...* Les bandelettes magiques étaient en laine.

248. *L'encens mâle...* Nommé aussi *stagonie :* c'est l'encens le plus odorant. Cf. Horace, *Od.*, I, 19, 4; et Virgile, *Géorg.*, I, 57; II, 117.

249. *Faire descendre la lune du ciel...* Croyance populaire. Cf. *En.*, IV, 489 sq.; Horace, Tibulle, Properce, *passim.*

250. *Circé...* Cf. *Odyssée*, X, 203 sq.

251. *A la voix de l'enchanteur, le froid serpent crève dans les prairies...* Croyance populaire qui semble d'origine Marse; cf. Ovide, *Mét.*, VII, 202, et *Amor.*, II, 1, 25.

252. *En triples fils de diverses couleurs...* Des fils blancs, roses et noirs.

253. *Se plaît au nombre impair...* Parce qu'il est indivisible.

254. *Puisse ainsi Daphnis éprouver notre amour...* Il faut sans doute entendre : puisse Daphnis sentir son cœur fondre d'amour pour moi, comme fond cette cire, et durcir, demeurer ferme dans cet amour, comme durcit cette argile ?

255. *La farine...* La farine mêlée de sel qu'on répandait sur la tête des victimes.

256. *Ces souvenirs...* Les vêtements, les objets laissés par Daphnis. Ainsi dans Théocrite, la magicienne brûle une frange du manteau de Delphis (II, 56), et au quatrième chant de l'*Enéide*, Didon brûle les armes et les souvenirs d'Enée, *arma viri exuviasque omnes*, IV, 495.

257. *Ces poisons cueillis dans le Pont...* Le Pont où régna Mithridate, et la Colchide voisine, pays de Médée, étaient des contrées célèbres par leurs poisons.

258. *Méris...* Un berger.

259. *Se change en loup...* C'est la très ancienne croyance au loup-garou. Cf. Pline, VIII, 22, 34.

260. *Transporter d'un champ dans un autre les moissons...* Croyance populaire si répandue qu'un article de la loi des XII Tables punissait celui qui jetait des maléfices sur les terres, *qui fruges excantassit* (Pline, XXVIII, 2, 4).

261. *Ne te retourne pas...* On ne devait pas se retourner ni quand on jetait à l'eau les restes des sacrifices, ni quand on jetait les fèves dans les Lémures.

262. *Hylax...* Nom de chien, littéralement « aboyeur ».

IX

MÉRIS

Lycidas rencontre le berger Méris et s'étonne qu'on ait ravi les biens de son maître Ménalque (1-16). — Les deux bergers font l'éloge de Ménalque et redisent ses chansons (17-50). — Puis Méris, la mémoire lui manquant, laisse à Ménalque le soin de dire lui-même ses poèmes (51-67).

Sources : Théocrite, *Id.*, 4 et 7.

263. *La ville...* Mantoue.

264. *Depuis l'endroit où les collines commencent, etc...* Virgile sans doute décrit ici son propre domaine.

265. *L'eau...* L'eau du Mincio.

266. *Les colombes de Chaonie...* Les célèbres colombes de la forêt de Dodone, en Chaonie, partie de l'ancienne Epire située entre les monts Acrocérauniens et la mer Ionienne.

267. *Du creux d'une yeuse la sinistre corneille...* D'après la doctrine des augures, le présage de malheur donné du haut d'un arbre creux était particulièrement funeste.

268. *Amaryllis, nos amours...* Il faut entendre, sans doute qu'Amaryllis, par son charme (cf. Théocr., 3, 6) était aimée de tous les bergers.

269. *Varus...* Le Varus de la VIe Bucolique, cf. *supra*.

270. *Mantoue trop voisine, hélas! de la malheureuse Crémone...*

Crémone avait pris parti pour Cassius et Brutus; Octave partagea son territoire entre les vétérans.

271. *Les cygnes...* Nombreux sur les eaux du Mincio.

272. *Les ifs de Corse...* Les ifs communiquent leur amertume au miel des abeilles, cf. *Géorg.*, IV, 47. L'épithète *Cyrneas*, de Corse, est purement littéraire.

273. *Les Piérides...* Cf. note 81.

274. *Ni de Varius ni de Cinna...* Varius Rufus, ami de Virgile, un peu plus âgé que lui, poète épique estimé et auteur d'une tragédie de *Thyeste* que l'on comparait aux chefs-d'œuvre de Sophocle et d'Euripide, le même qui fut, avec Tucca, chargé par Auguste d'éditer l'*Enéide*, cf. Plessis, *La poésie latine*, pp. 284 sq. — C. Helvius Cinna, poète contemporain de Catulle, auteur d'un poème intitulé *Zmyrna*, très discuté, mais qui avait encore des admirateurs au temps de Martial (cf. Martial, X, 21, 4).

275. *J'ai l'air d'un oison...* A en croire Servius, il y aurait là une plaisanterie railleuse à l'égard du poète Anser, « Oison », dont le nom prêtait évidemment au calembour. Cicéron, *Philipp.*, XIII, 5, en profite pour lancer un trait piquant : *De falerno agro anseres depellantur*, par une allusion au champ qu'Anser, ami d'Antoine, tenait des libéralités de celui-ci.

276. *Galatée...* Cf. note 72.

277. *Daphnis...* Celui de la VIIIe Bucolique, cf. *supra*.

278. *Du Dionéen César...* Dioné, fille de l'Océan et de Téthys, était la mère de Vénus, dont César prétendait descendre.

279. *L'astre... dont l'influence...* La comète qui parut au ciel le jour où Octave fit célébrer les jeux funèbres en l'honneur de César, et où les anciens virent la confirmation de son apothéose.

280. *Les loups ont vu Méris les premiers...* D'après une croyance populaire, celui qu'un loup voyait le premier perdait la parole.

281. *Les flots aplanis...* Sans doute les flots du Bénacus (auj. lac de Garde), que le Mincio traverse.

282. *Le tombeau de Bianor...* Bianor, fondateur de Mantoue.

283. *La ville...* Mantoue.

284. *Enfant...* Méris, lui, est un vieux berger.

285. *Lui-même...* Ménalque.

X

GALLUS

Invocation du poète à la nymphe Aréthuse : il va chanter les amours de Gallus, trahi par Lycoris (1-8). — Il suppose que le poète, désespéré, s'est retiré en Arcadie, au milieu des bergers et des dieux champêtres : Apollon, Sylvain et Pan, qui tentent de la consoler (9-30). — Gallus rêve de mener une vie très simple à la campagne, où une bergère ne l'eût pas trahi (31-41), puis reporte sa pensée vers Lycoris (42-50), pour faire un nouveau projet : celui de vivre au fond des bois (51-60). — Mais tous ses efforts sont vains : il vit vaincu par l'amour (61-69). — Virgile assure Gallus d'une amitié redoublée, et fait ses adieux à la poésie bucolique (70-77).

Sources : Théocrite, *Idylles*, 1 et 7.

286. *Aréthuse...* Fille de Nérée et de Doris, l'une des nymphes de Diane. D'après la légende, poursuivie par Alphée jusque dans l'île d'Ortygie, près de Syracuse, elle fut changée en fontaine. Alphée lui-même fut mué en un fleuve de l'Elide, qui, par des conduits souterrains, mêlait ses eaux à celles d'Aréthuse. La fontaine d'Aréthuse se trouve à Syracuse, patrie de Théocrite : en l'invoquant, Virgile annonce un poème bucolique. Le fleuve Alphée (auj. Roufia) disparaît plusieurs fois sous terre avant de se jeter dans le golfe d'Arcadie. La tradition antique voulait que des objets jetés dans ses ondes reparussent dans la fontaine d'Aréthuse.

287. *Gallus...* Sur C. Cornélius Gallus, cf. note 170.

288. *Lycoris...* L'amie pour laquelle Gallus avait écrit ses *Amores :* de son vrai nom Volumnia, la Lycoris de Gallus portait au théâtre, où elle était mime de profession, le nom de Cythéris. Elle fut la maîtresse d'Antoine, puis de Brutus, et devint vers 44 celle de Gallus. Gallus avait alors 22 ans. Leur liaison dura sept ans. Au moment où Virgile écrit la Xe *Bucolique* (en 37), Gallus défendait les côtes de l'Italie contre la flotte de Sextus Pompée; Lycoris l'avait quitté, semble-t-il, pour suivre sur le Rhin un officier de l'armée d'Agrippa.

289. *Quand tu coules, sous les flots Sicaniens...* Cf. note 286. La Sicanie est le nom ancien de la Sicile.

290. *L'amère Doris...* La mer amère. Doris, mère d'Aréthuse et fille de Thétis, personnifie ici la mer, comme ailleurs Thétis.

291. *Un indigne amour...* Un amour indigne de ce qu'eût mérité Gallus : il ne méritait point que Lycoris le trahît.

292. *Les sommets du Parnasse...* Cf. note 158.

293. *Ceux du Pinde...* Le Pinde (auj. mont Mezzovo), entre la Thessalie et l'Epire, était consacré à Apollon et aux Muses.

294. *L'Aonienne Aganippe...* L'Aganippe, source consacrée aux Muses au pied de l'Hélicon, en Béotie ou Aonie : cf. note 173.

295. *Qui alors arrêtèrent vos pas...* Ils n'ont pu arrêter les pas des Naïades puisqu'ils pleuraient eux-mêmes le malheur de Gallus.

296. *Le Ménale couvert de pins...* Cf. note 230.

297. *Les rocs du Lycée glacé...* Le Lycée est, comme le Ménale, une montagne d'Arcadie (auj. le Diaforti) consacrée à Pan et

aux Muses. Les *jeux lycéens* célébrés en l'honneur de Pan devinrent à Rome les Lupercales.

298. *Le bel Adonis*... Fils du roi de Chypre Cinyras et de Myrrha, jeune prince célèbre par sa beauté. Aimé de Vénus et tué à la chasse par un sanglier, il fut encore aimé aux Enfers par Proserpine. Jupiter lui permit de passer six mois auprès d'elle et six mois sur la terre, où sa venue, coïncidant avec le printemps, fut l'objet d'un culte syrien, célébré surtout par les femmes.

299. *Silvain*... Silvain, dieu des forêts, protecteur des propriétés rurales *(tutor finium)*, était souvent confondu avec Pan et avec Faunus. On le représentait tenant à la main soit des lys ou des férules, soit un plant de cyprès; cf. *Géorg.*, I, 20, et Horace, *Epodes*, II, 22.

300. *Le visage rouge*... On enluminait de rouge les visages des dieux champêtres.

301. *De vermillon*... Tiré des mines d'argent de l'Espagne.

302. *L'hyèble*... Plante aux baies rouges, voisine du sureau.

303. *Phyllis*... Une bergère.

304. *Amyntas*... Un berger.

305. *Noires aussi sont les violettes*... Il en est qui sont d'un violet foncé, presque noir.

306. *Les vaciets*... Cf. note 33.

307. *Sous les armes du cruel Mars*... En défendant contre Sextus Pompée les côtes de l'Italie. Cf. note 288.

308. *Les frimas du Rhin*... A l'armée d'Agrippa. Cf. note 288.

309. *Je chanterai sur le pipeau du pâtre de Sicile les chants que j'ai composés en un vers Chalcidique*... Il semble qu'il faille entendre : j'irai parmi les bergers et leur chanterai en vers bucoliques ce que j'ai célébré dans mes élégies, c'est-à-dire mon amour et ma douleur. Gallus avait transposé en latin un poème d'Euphotion de Chalcis sur la forêt de Grynée; cf. *Buc.*, V, 72 et la note 179.

310. *Les arbres croîtront; vous croîtrez, nos amours*... En même temps que l'arbre, grandiraient sur l'écorce le nom de Lycoris et les vers où elle est chantée. Cf. Properce, *passim*, et Ovide, *Héroïd.*, 23 :

Et quantum trunci, tantum tua nomica crescunt.

311. *Le Ménale*... Cf. note 230.

312. *Les bois du Parthénius*... Le mont Parthénius était situé aux confins de l'Arcadie et de l'Argolide.

313. *Retentissants*... Ils retentissent du bruit de la chasse.

314. *La corne du Parthe*... Les Parthes, archers fameux, fabriquaient leurs arcs avec des cornes de bêtes, qu'ils joignaient par une armature.

315. *Les flèches de Cydon...* Les flèches fabriquées avec les roseaux de Cydon (auj. la Canée), dans l'île de Crète. Les Crétois, comme les Parthes, étaient des archers renommés.

316. *Le dieu...* Le dieu Amour.

317. *Les Hamadryades...* Les Nymphes prisonnières des grands chênes.

318. *L'Hèbre...* Le fleuve fameux de Thrace (auj. la Maritza), sur les bords duquel les Bacchantes du pays déchirèrent Orphée.

319. *Les neiges Sithoniennes...* Les neiges de la Sithonie, l'une des trois presqu'îles de la Chalcique, ainsi nommée du nom d'un ancien roi, Sithon.

320. *Les brebis d'Ethiopie...* Les brebis des pays du sud de l'Egypte (l'Abyssinie actuelle), qui était la partie la plus méridionale du monde connu des Anciens.

321. *La constellation du Cancer...* Quatrième signe du Zodiaque, où la chaleur est tropicale.

322. *Piérides...* Cf. note 81.

323. *La guimauve flexible...* Cf. note 38.

324. *L'ombre du genévrier est dangereuse...* Elle est très fraîche comme celle du tilleul, du marronnier et du châtaignier.

325. *Vesper...* Cf. note 235.

NOTES SUR LES GÉORGIQUES

LIVRE PREMIER

LE LABOURAGE

Sujet et division du poème des Géorgiques (1-4). — Invocation aux dieux champêtres (5-22). — Invocation à Auguste (23-42). — Le labour (43-49). — Les différentes espèces de terres (50-69). — Les méthodes de culture (70-99). — Les semailles (100-120). — Origines de l'agriculture (121-159). — Les instruments aratoires et l'aire (160-186). — Moyen de prévoir la qualité d'une récolte (187-192). — Les époques de l'année et les travaux qui leur sont appropriés (193-256). — Occupations pour les jours de pluie et les jours de fêtes (257-275). — Jours favorables ou défavorables (276-286). — Travaux à exécuter la nuit, ou l'été, ou l'hiver (287-310). — Tempête de l'équinoxe et moyen de prévoir le temps (311-355). — Pronostics et signes du vent (356-369), de la pluie (370-392), du beau temps (393-423). — Signes fournis par la lune (424-437), par le soleil (438-465). — Présages des guerres civiles au moment de la mort de César (466-497). — Vœux en faveur d'Auguste (498-514).

Sources : Hésiode, *passim*. — Varron. — Théophraste. — Eratosthène d'Alexandrie (pour les travaux appropriés aux époques de l'année). — Caton, *De Agricultura* (pour les occupations des jours de fêtes). — Aratus, *Phénomènes* (pour les signes et pronostics). — Varron de l'Atax, *Abrégé des Phénomènes d'Aratus* (pour les signes).

326. *Mécène*... C. Cilnius Mæcenas, le célèbre conseiller d'Auguste, protecteur des lettres et des arts. On sait son amitié pour Horace et Virgile.

327. *Marier aux ormeaux les vignes*... On « mariait » les vignes aux ormeaux et aux peupliers, en les suspendant par étages aux branches latérales de l'arbre, taillé à cette fin et en leur faisant gravir un échelon chaque année. Cet usage ancien est encore pratiqué dans l'actuelle Lombardie et en Andalousie.

328. *Flambeaux du monde*... Le soleil et la lune.

329. *Liber*... Bacchus, dieu du vin.

330. *Alme*... « Alma », c'est-à-dire à la fois nourricière et vénérable.

331. *Cérès*... Déesse de l'agriculture.

332. *Chaonie...* Contrée de l'Epire, célèbre par la forêt de chênes de Dodone (cf., *Buc.*, IX, 13) : le gland aurait été, d'après les traditions, la première nourriture de l'homme.

333. *La coupe de l'Achéloüs...* Il faut entendre : l'eau de l'Achéloüs; celui-ci, fleuve de l'Epire (auj. l'Aspropotamo), qui séparait l'Etolie de l'Acarnanie, et qui fait donc partie de cette Grèce nord-occidentale dont Virgile et d'autres poètes font le berceau de la civilisation. Les habitants de cette contrée se vantaient d'ailleurs d'avoir introduit en Grèce la culture de la vigne, cf. Athénée, II, p. 35 B.

334. *Faunes...* Cf. *Buc.*, IV. Ce sont des dieux rustiques protecteurs des troupeaux.

335. *Dryades...* Elles sont ici invoquées en tant que nymphes protectrices des bois.

336. *Fis jaillir le cheval frémissant, ô Neptune...* On connaît la légende, selon laquelle Neptune et Minerve se disputaient l'honneur de donner un nom à la ville naissante d'Athènes, les dieux décidèrent que ces honneurs reviendraient à la divinité qui donnerait aux hommes les plus utiles présents. Neptune, d'un coup de son trident, fit jaillir du sol le cheval; Minerve fit sortir de terre l'olivier, et les dieux lui donnèrent la victoire.

337. *Les gras halliers de Céa...* Cet habitant des bocages « grâce à qui trois cents taureaux neigeux broutent les halliers de Céa », est Aristée, fils d'Apollon et de Cyrène, qui épousa Autonoé, fille de Cadmus, fondateur de la Cadmée de Thèbes. Il eut d'elle un fils, Actéon, qui au cours d'une chasse, transformé en cerf par Diane, fut dévoré par ses chiens. Son père en deuil quitta alors Thèbes pour l'île de Céa, auj. Zéa, l'une des Cyclades, qu'il délivra d'une terrible sécheresse provoquée par les ardeurs de Sirius.

338. *Les bois du Lycée...* Cf. note 297.

339. *Pan, gardeur de brebis...* Dieu des troupeaux particulièrement honoré en Arcadie.

340. *Ménale...* Montagne d'Arcadie. Cf. note 230.

341. *Tégéen...* Tégée, ville d'Arcadie, auj. Piali, rendait à Pan un culte particulier.

342. *Minerve, créatrice de l'olivier...* Cf. note 336.

343. *Toi, Enfant, qui nous montras l'areau recourbé...* Cet enfant est Triptolème, fils du roi d'Eleusis Célée, qui, ayant avisé Cérès de l'enlèvement de sa fille Proserpine, apprit d'elle l'art de labourer la terre et de semer le blé et institua les mystères d'Eleusis.

344. *Silvain portant un tendre cyprès déraciné...* Silvain est un dieu forestier et rustique. Cf. note 299.

345. *Toi enfin, qui dois un jour prendre place dans les conseils des dieux...* Virgile ajoute ici Octave-Auguste aux dieux cham-

pêtres; c'était l'usage alors de se représenter le prince comme un dieu, descendu du ciel et y devant remonter, cf. Horace, *Od.*, I, 2, 45.

346. *Du myrte maternel...* Le myrte de Vénus, mère d'Enée et grand-mère d'Iule, dont les Jules prétendaient descendre.

347. *Thulé aux confins du monde...* Thulé, pays situé à l'extrémité nord-occidentale du monde connu des anciens et qu'on a identifié tantôt avec l'Islande, tantôt avec la Norvège, tantôt avec l'une des îles Shetland.

348. *Téthys...* Cf. note 109.

349. *Erigone et les Chèles qui la poursuivent...* Erigone, sixième signe du Zodiaque; les Chèles, huitième signe du Zodiaque. — Erigone, fille d'Icare et sœur de Pénélope, en apprenant la mort de son père massacré par des bergers ivres, se pendit de désespoir et fut changée en une constellation appelée Astrée ou la Vierge. — Les Chèles ou Pinces du Scorpion, venant après Erigone, ont l'air de la poursuivre. Au Ier siècle apr. J.-C., on substitua aux Pinces la Balance.

350. *Le Tartare...* Ici, les Enfers en général.

351. *Les champs Elyséens...* Séjour, dans les Enfers, des héros et des hommes de bien.

352. *Bien que Proserpine n'ait cure de répondre aux appels de sa mère...* Proserpine, enlevée par Pluton et devenue reine des Enfers, cf. Ovide, *Mét.*, v. 385-550.

353. *Zéphyr...* Nommé encore Favonius, vent d'ouest qui commençait à souffler le 8 ou le 9 février et qui donnait le signal du printemps.

354. *Tmolus...* Mont de Lydie, auj. Tomolitzi, au sud de Sardes.

355. *Les crocus odorants...* Les crocus du Tmolus étaient fameux, moins pourtant que ceux de la Cilicie.

356. *L'Inde son ivoire...* L'Inde est le pays des éléphants nombreux, mais dont l'ivoire cependant est moins renommé que celui des éléphants africains.

357. *Les mols Sabéens...* Peuple de l'Arabie heureuse.

358. *Les Chalybes...* Peuple de la Colchide, habile à travailler le fer et l'acier (grec *chalups*, « acier »).

359. *Le Pont...* Le royaume du Pont.

360. *Son fétide baume de castor...* On s'en servait comme onguent.

361. *L'Epire...* L'Albanie actuelle.

362. *Les palmes des cavales d'Elis...* Il faut entendre les victoires remportées aux jeux Olympiques, célébrés en Elide.

363. *Deucalion...* Cf. note 161.

364. *L'Arcture...* Brillante étoile située sur la ceinture du Bouvier, constellation qui fait suite à la queue de la grande

Ourse, l'Arcture se lève au début de septembre, à l'époque où il faut commencer le labour des terres sèches.

365. *Du sommeil Léthéen...* D'un sommeil qui, comme le Léthé, aux Enfers, produit l'oubli : allusion à la vertu soporifique du pavot.

366. *La Mysie...* Contrée fertile du nord-ouest de l'Asie Mineure comprenant l'ancienne Troade.

367. *Le Gargare lui-même...* Cime culminante de la chaîne de l'Ida, en Mysie.

368. *Les mois douteux...* Au printemps et en automne.

369. *Les grues du Strymon...* Les grues migratrices, venues du Strymon, fleuve de Thrace, dans la Grèce centrale, cf. *En.* X, 264; XI, 580.

370. *Le Père des dieux...* Jupiter, par vengeance contre Prométhée.

371. *Avant Jupiter...* Sous l'âge d'or de Saturne.

372. *Fit tomber le miel des feuilles...* Cf. *Buc.*, IV, 23 :

Et duræ quercus sudabunt roscida mella.
« Et les chênes durs distilleront une rosée de miel. »

373. *Cacha le feu...* Cf. Hésiode, v. 50 : κρύψε δὲ πῦρ.

374. *Les troncs creusés...* En pirogues.

375. *Des aunes...* Dont le bois ne pourrit pas dans l'eau.

376. *Les Pléiades...* Les Pléiades, en lat. *Vergiliæ*, filles d'Atlas et d'Hespérie, furent enlevées par le roi d'Egypte Busiris; Hercule les délivra, mais, persécutées ensuite par Orion, elles furent changées en une constellation, composée de sept étoiles appuyées sur l'épaule du Taureau, dont le lever (22 avril-10 mai) annonçait la belle saison et le coucher (20 octobre-11 novembre) la mauvaise.

377. *Les Hyades...* Les Hyades (litt. les *Pluvieuses*, en lat. *Suculae*), filles d'Atlas, roi de Mauritanie, moururent de désolation de la mort de leur frère Hyas, tué à la chasse, et furent changées en une constellation de cinq ou sept étoiles appuyées sur la tête du Taureau, dont le lever avait lieu entre le 16 mai et le 9 juin, et le coucher, entre le 2 et le 14 novembre, périodes de pluies.

378. *La claire Arctos, fille de Lycaon...* Callisto, fille du roi d'Arcadie Lycaon, fut changée en ourse par Junon et mise au ciel par Jupiter, où elle forme la constellation de la grande Ourse qui guidait les navigateurs.

379. *L'épervier...* L'épervier des anciens *(funda* ou *jaculum).* filet de pêche muni de pierres ou de balles de plomb, qui « fouettent » les eaux quand on le lance.

380. *Dodone...* Ancienne ville de l'Epire (aux environs de la

ville actuelle de Janina, en Albanie), au pied du Tmarus, célèbre par ses chênes qui prédisaient l'avenir; cf. note 332.

381. *La nielle pernicieuse*... La nielle ou rouille, maladie cryptogamique des céréales était, pour les Romains, une divinité néfaste, *Robigo* ou *Robigus*, qu'on invoquait le 7 des calendes de mai (25 avril), époque à laquelle la nielle exerce ses ravages, en une cérémonie propitiatoire, nommée Robigalies. La procession chrétienne de saint Marc correspond à cette ancienne cérémonie.

382. *Secouer... le chêne*... Pour en faire tomber les glands.

383. *Les chariots à la marche lente de la mère d'Eleusis*... La mère d'Eleusis et de Cérès (ou Déméter), qui y avait son temple et qu'on célébrait, au cours de mystères, en promenant sa statue dans les chariots qu'elle protégeait.

384. *Les rouleaux*... C'étaient de lourds plateaux à roues, garnis par-dessous de dents de fer ou de silex.

385. *Les traîneaux*... C'étaient des plateaux sans roues, qui passaient derrière les « rouleaux » pour achever leur ouvrage.

386. *Célée*... Roi d'Eleusis, père de Triptolème; cf. note 343.

387. *Le van mystique d'Iacchus*... « Mystique », parce qu'il figurait aux fêtes d'Eleusis en l'honneur de Bacchus (Iacchus), le van, panier d'osier qui sépare la balle du grain, était un symbole de la purification.

388. *Une campagne divine*... Une campagne protégée par les dieux : Cérès, Bacchus (Iacchus), etc.

389. *Age*... Age ou « queue de bœuf », partie centrale de la charrue ancienne, recourbée à l'une de ses extrémités.

390. *Du côté de la racine*... Du côté où était la racine, quand l'arbre était encore en place.

391. *Huit pieds*... Plus de 2 m. 50.

392. *Deux oreillons*... Cette paire d'oreillons en bois, situés à la partie inférieure de l'age, rejetait la terre à droite et à gauche.

393. *Un sep à doubles revers*... Le sep continue l'age et porte le soc à son extrémité antérieure.

394. *Les taupes aveugles*... Elles ont l'air d'être aveugles, à cause de leurs yeux tout petits et cachés dans les poils.

395. *Pour sa vieillesse*. Pour l'hiver : on croyait que les fourmis ne vivaient qu'un an.

396. *Nitre*... Carbonate de soude.

397. *L'Arcture*... Cf. note 364.

398. *Le temps des Chevreaux*... Le temps des Equinoxes (25 avril et 27 septembre). Les Chevreaux étaient deux étoiles placées sur le bras du Cocher. Leur lever annonçait la pluie et la tempête, d'où les épithètes de *pluviales* ou de *nimbosi* qu'on leur donne souvent.

399. *Le Serpent lumineux...* Constellation, nommée encore l'Hydre, qui annonce les tempêtes.

400. *Le Pont...* Le Pont-Euxin, « mer hospitalière », ainsi nommée par antiphrase soit à cause des peuples hostiles qui habitaient ses bords, soit à cause de ses violentes tempêtes, auj. la Mer Noire.

401. *Les passes ostréifères d'Abydos...* Les Dardanelles actuelles. Abydos, en Asie Mineure, auj. Nagara-Bouroum, faisait face à Sestos, en Europe; les « passes » qui séparent les deux villes ont à peine plus d'un mille de largeur. Les anciens y pêchaient beaucoup d'huîtres et de coquillages.

402. *La Balance...* Le septième signe du Zodiaque, correspondant à l'équinoxe d'automne.

403. *L'intraitable solstice...* Le solstice d'hiver.

404. *Le pavot de Cérès...* Le pavot était consacré à Cérès, dont il ornait la couronne, parce qu'il avait procuré à la déesse le sommeil et l'oubli, lors du douloureux enlèvement de sa fille Proserpine, cf. Ovide, *Fastes*, IV, 547.

405. *Médiques...* On nommait « médique » la luzerne importée de Perse en Grèce, au temps des guerres médiques.

406. *L'éblouissant Taureau aux cornes dorées ouvre l'année...* Le soleil entrait dans le Taureau le 17 avril, mois où le printemps ouvre la terre et les fleuves. Une étoile scintille sur chacune des cornes du Taureau : d'où l'épithète « dorées ».

407. *L'astre adverse...* Le Taureau est tourné en sens inverse du Bélier et semble, quand il monte à l'horizon, aller à reculons.

408. *Le Chien...* Le Chien se couche (30 avril), à l'époque où le Taureau se lève.

409. *Des Atlandites Aurorales...* Des Pléiades, cf. note 376.

410. *L'étoile de Gnosse à l'ardente Couronne...* On croyait que la constellation de la Couronne était la couronne d'Ariane, fille de Minos, roi de Crète, et résidant à Gnosse, — d'Ariane que Bacchus avait placée au ciel.

411. *Se retire...* Le 9 novembre.

412. *Maia...* L'une des sept Pléiades.

413. *La vile faséole...* Vulgairement, le pois « mange-tout ».

414. *La lentille de Péluse...* Péluse (dont les ruines avoisinent l'actuelle Port-Saïd) produisait d'excellentes lentilles.

415. *Le coucher du Bouvier...* Le Bouvier est une constellation dont l'Arcture est une étoile, cf. note 364; elle se couche au début de novembre.

416. *Les douze astres du monde...* Les douze signes du Zodiaque : le Bélier (auquel présidait Minerve), le Taureau (Vénus), les Gémeaux (Apollon), le Cancer (Mercure), le Lion (Jupiter), la Vierge (Cérès), la Balance (Vulcain), le Scorpion

(Mars), le Sagittaire (Diane), le Capricorne (Vesta), le Verseau (Junon), les Poissons (Neptune).

417. *Cinq zones embrassent le ciel...* La zone torride, les deux zones tempérées, les deux zones glaciales.

418. *L'ordre oblique des signes...* Le Zodiaque est incliné de 23°,5 sur l'équateur.

419. *Les contreforts des Riphées...* Montagnes indéterminées situées au nord de la Scythie, qui comprenait les régions de la Russie du nord-est et de la Sibérie du nord-ouest.

420. *L'immense Serpentaire.* Ou Dragon, constellation du pôle Nord.

421. *Craignant de se tremper dans la plaine liquide...* Car elles ne quittent jamais l'horizon.

422. *Le marbre perfide des flots...* Cf. Homère, *Iliade*, XIV, 273.

423. *Des nacelles...* Qui servent de paniers à vendanges.

424. *Des échalas...* Cf. *Géorg.*, II, 359.

425. *Liens d'Amérie...* Liens faits de branchettes de saule. Le saule abondait à Amérie, en Ombrie.

426. *Une pierre incuse...* Une pierre de meule.

427. *Le cinquième...* Jour de la stérile Minerve, jour néfaste.

428. *Le pâle Orcus...* Le pâle dieu de la Mort.

429. *Les Euménides...* Les Furies, filles de l'Achéron et de la Nuit, ou, suivant une autre tradition, de Platon et de Proserpine, que les Grecs nommaient Erinnyes, c'est-à-dire vengeresses, et les Latins, par antiphrase, Euménides, c'est-à-dire bienveillantes.

430. *Cée et Japet...* Titans, fils d'Uranus et de la Terre.

431. *Typhée...* Fils du Tartare et de la Terre, géant au corps terminé par d'énormes vipères, qui escalada le ciel, et qui fut précipité par Jupiter et enseveli sous l'Etna, d'où il continua à vomir des flammes.

432. *Les frères qui avaient juré de forcer le ciel...* Otus et Ephialte demi-dieux, fils de Neptune et d'Iphimédie, femme d'Aloée (d'où leur nom d'Aloïdes, cf. *En.*, VI, 582), qui chaque année, grossissant d'une coudée et grandissant d'une toise, voulurent escalader le ciel à neuf ans et furent tués par Apollon.

433. *Ossa... Pélion... Olympe...* Monts de Thessalie.

434. *Le Père...* Le Père des dieux, Jupiter.

435. *Lices...* Fils qui, dans le métier à tisser, embrassent et actionnent les fils de la chaîne, pour faire passer la navette.

436. *La rubiconde Cérès...* Les épis de blé vermeils.

437. *L'hiver aux bons génies...* Où l'on fête le Génie qui accompagnait chaque homme durant sa vie.

438. *La fronde chère aux Baléares...* Les habitants des Baléares étaient d'excellents frondeurs.

439. *Des constellations de l'automne...* L'Arcture, les Chevreaux, la Couronne, le Centaure.

440. *Le Père...* Cf. note 434.

441. *L'Athos...* Mont de Macédoine, à l'extrémité sud-est de la Chalcidique.

442. *Le Rhodope...* Cf. note 159.

443. *Les sommets Cérauniens...* Les monts Acrocérauniens, « sommets de la foudre » chaîne de l'Epire.

444. *La froide étoile de Saturne...* Saturne, étant la planète la plus éloignée du soleil, passait pour froide. Suivant la constellation où elle se trouvait, elle déchaînait de la grêle (Scorpion) ou des pluies (Capricorne).

445. *Le feu de Cyllène...* Mercure était né sur le mont Cyllène (auj. Ziria), en Arcadie : l'astre ou « feu » de Cyllène était nommé en grec le Brillant *(Stilbôn)*.

446. *A la grande Cérès un sacrifice annuel...* Le sacrifice offert pendant la fête annuelle des Ambarvales, qui avait lieu au mois de mai pour purifier les champs; cf. Tibulle, II, 1.

447. *Toute la jeunesse champêtre...* Tous les serviteurs prenaient part aux rites des Ambarvales.

448. *La victime propitiatoire...* Un porc, un mouton ou un taureau, suivant la fortune de chaque paysan; cf. Tibulle, I, 1.

449. *En l'honneur de Cérès...* Il s'agit ici d'une seconde fête, précédant les moissons, et où l'on sacrifiait à Cérès une truie nommée « précidanée » *(porca præcidanea)*, parce que, son immolation une fois faite, on commençait la moisson et on offrait les prémices à la déesse.

450. *D'une couronne de chêne...* Pour rappeler que, par la grâce de Cérès, l'épi avait remplacé le gland.

451. *Le Père...* Cf. note 434.

452. *Du côté du farouche Borée...* Cf. note 210.

453. *Eurus...* Vent du sud-est, nommé encore *Volturnus.*

454. *Zéphyr...* Vent de l'ouest, nommé encore *Favonius.*

455. *Les grenouilles ont chanté leur antique complainte...* Ovide conte (*Mét.*, VI, 317-381) que Latone, insultée par des paysans, obtint de Jupiter qu'ils fussent changés en grenouilles : il y aurait dans le chant plaintif des grenouilles la tristesse résultant de cette métamorphose.

456. *L'arc-en-ciel a bu l'eau...* La croyance populaire attribuait à l'arc-en-ciel le pouvoir de boire, c'est-à-dire de pomper l'eau par ses extrémités et de la déverser en pluie sur la terre; cf. Ovide, *Mét.*, I, 271.

457. *Les prés asiatiques du Caystre...* Le Caystre, fleuve de Lydie (auj. le Koutchouk-Meinder), se jette dans la mer près

d'Ephèse. Homère, *Iliade*, II, 459-461, conte que ses bords étaient peuplés de bandes de cygnes.

458. *Son frère...* Phébus, le soleil, à qui, selon les anciennes théories, la lune empruntait sa lumière.

459. *Les alcyons chers à Thétis...* Alcyone, fille d'Eole et d'Ægiale, perdit dans un naufrage son mari Céyx, roi de Trachine en Thessalie, et, désespérée, se jeta dans la mer. Thétis changea Alcyon et Céyx en alcyons; cf. Ovide, *Mét.*, XI, 266-295.

460. *Nisus, et Scylla...* Nisus, roi de Mégare, avait un cheveu de pourpre auquel un oracle avait attaché le sort de la ville. Sa fille, Scylla, éprise de Minos qui assiégeait la ville, lui porta ce cheveu qu'elle avait arraché à son père endormi. Minos, méprisant cette trahison, la fit attacher au gouvernail de son navire : les dieux la changèrent en huppe et son père en aigle marin; cf. *Ciris*, *in fine*, et Ov., *Mét.*, VIII, 1-151.

461. *Jupiter...* Ici, l'air; cf. *Géorg.*, II, 419, *maturis metuendus Juppiter uvis;* et Horace, *Od.*, I, 1, 25, *manet sub Jove frigido.*

462. *D'une rougeur virginale...* Allusion à la virginité de Diane.

463-465. *A Glaucus, à Panopée et à l'Inoen Mélicerte...* Cf. Callimaque, XV.

Glaucus, pêcheur d'Anthédon, en Béotie (auj. Lukisi), ayant mangé d'une herbe magique, se précipita dans la mer, où il fut changé en dieu marin; cf. Ovide, *Mét.*, XIII, 897-967. — Panopée, l'une des cinquante filles de Nérée et de Doris, celle dont il est question dans l'*Iliade*, XVIII, 45. — Mélicerte, fils d'Ino, fuyant avec sa mère son père Athamas, devenu fou furieux, s'élança avec elle dans la mer, et tous deux furent changés en divinités marines : Mélicerte sous le nom grec de Palémon et latin de Portumne; Ino, sous ceux de Leucothoé et de Matuta.

466. *Le Notus...* L'Auster.

467. *Ou que l'Aurore sortira toute pâle de la couche crocéenne de Tithon...* L'Aurore s'éprit du beau Tithon, prince troyen, fils de Laomédon et frère de Priam, l'enleva, eut de lui deux fils, Memnon et Emathéon. Elle l'adorait et, à l'aube, sortait exténuée et pâle de sa couche. Elle obtint pour lui l'immortalité, mais, ayant omis de demander en même temps une éternelle jeunesse, Tithon vieillit, tomba en décrépitude, et fut finalement changé en cigale.

468. *L'Olympe...* C'est-à-dire le ciel.

469. *Les Eurus...* C'est-à-dire les vents.

470. *Clair...* Il chasse les nuages.

471. *Quand il couvrit sa tête d'une sombre rouille...* Allusion probable à une assertion de Pline, qui dit qu' « après la mort de César le soleil fut continuellement pâle pendant presque une année », *occiso dictatore Cæsare*, *totius pæne anni pallore continuo* (II,20). Cette assertion est confirmée par Ovide, *Mét.*, XV, 788 :

... Solis quoque tristis imago
Lurida sollicitis præbebat lumina terris.

Cf. aussi Dion, XLV, 17; Cic., *Phil.*, IV, 20.

472. *L'Etna...* Le volcan de la côte orientale de Sicile, auj. Monte-Gibello, où certaines fables plaçaient les forges de Vulcain et des Cyclopes. Tite-Live rapporte qu'à la mort de César l'Etna entra en une violente éruption, qui fit sentir ses effets jusqu'à Rhegium.

473. *La Germanie entendit un bruit d'armes dans toute l'étendue du ciel...* Les légions de Germanie, par un effet de mirage produit par une aurore boréale, avaient cru se voir dans les airs entre-choquant leurs armes.

474. *L'Eridan...* Le Pô actuel, le plus grand des fleuves d'Italie.

475. *Fibres...* On appelait « fibres » les saillies des viscères.

476. *Les entrailles...* On désignait par ce nom d' « entrailles » aussi bien les entrailles proprement dites que des organes comme le cœur, le foie, la rate et les reins.

477. *De farouches comètes...* Allusion probable à la comète qui, après la mort de César, se leva sept nuits de suite dans le ciel vers la onzième heure.

478. *Aussi Philippes a-t-il vu pour la seconde fois...* En 48, Pharsale avait vu César triompher de Pompée; six ans plus tard, et non loin de Pharsale, dans la même province de Macédoine, à Philippes, Octave et Antoine vainquirent les meurtriers de César : Brutus et Cassius.

479. *Avec les mêmes armes...* Cf. Lucain, *Phars.*, 1, 7

Pares aquilas et pila minantia pilis.

480. *L'Emathie...* La partie de la Macédoine où se trouvait la capitale, Pella. Il semble qu'ici Virgile la confonde avec toute la province.

481. *Les larges plaines de l'Hémus...* Les larges plaines de Thrace, que divise l'Hémus, auj. la chaîne des Balkans.

482. *Enormes...* C'était une croyance populaire que les hommes des anciens âges étaient supérieurs par la taille aux hommes d'aujourd'hui.

483. *Dieux de nos pères, dieux Indigètes...* Invocation aux dieux primitifs ou nationaux, tels que Quirinus, Jupiter, Mars et Vesta.

484. *Et toi... et toi...* Le poète énumère, à titre d'exemples, certains dieux Indigètes.

485. *Romulus...* Romulus, divinisé par son successeur Numa Pompilius, fut peu à peu identifié avec Quirinus lui-même.

486. *Vesta notre mère...* Fille de Saturne et de Rhéa, Vesta, déesse du feu, était la « mère » des Pénates.

487. *Le Tibre toscan...* Le Tibre (auj. Tevere) était toscan, c'est-à-dire étrusque, dans son cours supérieur et par sa rive droite.

488. *Le Palatin de Rome...* Le Palatin, colline centrale de Rome, avait été habité par Evandre et Romulus, et portait le palais d'Auguste. Il est donc essentiellement romain.

489. *Ce jeune héros...* Au moment où ce morceau semble avoir été écrit, en 36, Octave avait 27 ans.

490. *Les parjures de la Troie Laomédontienne...* Deux fois Laomédon, roi de Troie, père de Priam, avait commis un parjure envers les dieux. La première fois, quand il promit à Apollon et Neptune une récompense pour bâtir les murs de Troie, et, les murs une fois construits, refusa d'acquitter sa dette. La seconde fois, quand il frustra Hercule de la somme promise pour la délivrance de sa fille Hésione.

491. *Aux triomphes décernés par les hommes...* L'ovation qui lui fut décernée en 36, après sa victoire sur Sextus Pompée; non pas le triomphe proprement dit, qui ne fut décerné à Octave qu'après Actium, en 29.

492. *L'Euphrate...* Les Parthes qui troublaient, depuis 40, la région arrosée par l'Euphrate.

493. *La Germanie...* Où les Germains s'agitant, Agrippa avait dû, en 38, occuper la tête de pont de Cologne, et où, les années suivantes, Carrinas entra en campagne contre les Morins et les Suèves.

494. *Les villes voisines, rompant les traités qui les lient, prennent les armes...* Allusion aux troubles d'Etrurie (36).

LIVRE DEUXIÈME

LES ARBRES ET LA VIGNE

Invocation à Bacchus (1-8). — Les arbres; leurs divers modes de reproduction (9-37). — Le poète prie Mécène d'être favorable à son entreprise (38-46). — De la greffe (47-82). — Du choix des meilleures espèces (83-108). — Du climat convenant à chaque espèce (109-135). — Eloge de l'Italie (136-176). — Du choix du terrain (177-258). — Culture de la vigne (259-419). — Culture de l'olivier (420-425). — Culture des autres arbres (426-457). — Eloge de la vie champêtre (458-542).

Sources : Théocrite. — Lucrèce (pour l'épisode du printemps, 323-345) et Varron.

495. *Bacchus...* Protecteur de la vigne et des arbres fruitiers, d'où l'épithète d' « arboriste », δενδρίτης.

496. *Père Lénéen...* « Père des pressoirs », (du grec *lênos*, cuve à presser le vin), surnom de Bacchus.

497. *Des pampres de l'automne...* Chargés de raisins.

498. *Le cothurne...* Bacchus, comme Diane, portait le commode cothurne.

499. *Les chênes, qui, au dire des Grecs, rendent des oracles...* Allusion à la fable grecque des oracles de la forêt de chênes de Dodone, rendus par le roucoulement des colombes sur les branches ou par le seul frémissement des feuilles.

500. *Le cerisier...* C'est Lucullus qui, après la victoire remportée sur Mithridate, apporta à Rome le premier cerisier, dont le nom signifie arbre de Cerasus, auj. Keresoum, dans l'ancien royaume du Pont, cf. Pline, XV, 30.

501. *Le laurier du Parnasse...* Le laurier, très abondant et très beau, du Parnasse, consacré à Apollon.

502. *Qu'on en plante les boutures dans leur propre terre...* Procédé du marcottage.

503. *Bacchus...* La vigne.

504. *L'Ismare...* Cf. note 159.

505. *Le grand Taburne...* Massif du Samnium, auj. Monte Taburno.

506. *La Paphéenne...* Vénus, honorée de deux temples dans la ville de Paphos (île de Chypre).

507. *L'arbre ombreux dont Hercule se tressa une couronne...* Le peuplier blanc, cf. *Buc.*, VII, 61. Pluton ayant aimé l'Océanide Leucé, fit naître après sa mort sur les bords de l'Achéron un arbre blanc appelé « leucé », λεύκη, des feuilles duquel Hercule se couronna à sa sortie des enfers.

508. *Le chêne... du père Chaonien...* Le chêne de l'oracle de Jupiter, à Dodone, en Chaonie.

509. *Le liber...* Parties fibreuses de l'arbre, situées entre l'écorce et l'aubier, qui imitent la tranche d'un livre, *liber*, d'où son nom.

510. *Humide...* Humide du suc nommé *cambium*, situé entre l'écorce et l'aubier.

511. *Les cyprès de l'Ida...* L'Ida, auj. Psiloriti, la chaîne de montagnes qui traverse l'île de Crète, était couvert de cyprès, cf. Pline, XVI, 60.

512. *Orchades...* Oliviers au fruit ovale et tendre et assez huileux.

513. *Verges...* Olivier au fruit très allongé.

514. *Pausie...* Olivier au fruit très charnu et très huileux.

515. *Vergers d'Alcinoüs...* Les vergers célèbres du roi des Phéaciens, père de Nausicaa, décrits au septième chant de l'*Odyssée*.

516. *Les poires de Crustumium...* Columelle, V, 10, énumère parmi les meilleures les poires de cette ville d'Italie, située dans le Latium sur la voie Salarienne.

517. *De Syrie...* La Syrie produisait aussi des poires renommées, cf. Columelle, *id.*

518. *Méthymne...* Bourg méridional de l'île de Lesbos, auj. Molivo.

519. *Thasos...* Ile de la mer Egée, près de la Thrace, célèbre par son vin.

520. *Lac Maréotis...* Lac de la Basse-Egypte, près d'Alexandrie; auj. lac Mariouth.

521. *Le Psithie...* Vin grec.

522. *Le subtil Lagéos...* Vin roux, couleur de lièvre, d'où son nom (gr. Lagôs, « lièvre »).

523. *Rhétique...* Vin renommé des environs de Vérone. Auguste l'appréciait beaucoup. cf. Suét., *Aug.*, LXXVII : *maxime delectatus est Rhætico*, « il fit surtout ses délices du Rhétique ».

524. *Falerne...* Le plus renommé (avec le Cécube) des vins latins; on le récoltait au pied du mont Massique, en Campanie.

525. *Aminée...* Vignoble du Picénum, près de Naples.

526. *Le Tmolus...* Cf. note 354.

527. *Le Phanée...* Vignoble d'un promontoire de l'île de Chio.

528. *Le petit Argitis...* Sans doute un vignoble d'Argos.

529. *Vin de Rhodes...* Ce vin était employé pour les libations aux dieux, qui étaient faites au second service.

530. *Bumaste...* Raisin à gros grains, d'où son nom de βούμαστος « aux grains gonflés comme des mamelles », cf. Pline, XIV, 3, 5.

531. *Le nombre...* Columelle en décrit 58 espèces; Pline en compte 185. On en connaît aujourd'hui 1500.

532. *Bacchus...* La vigne.

533. *Les demeures de l'Aurore...* L'Orient.

534. *Les Gélons bariolés...* Les Gélons, peuple scythe, à l'ouest du Borysthène (le Dnieper actuel); ils étaient tatoués, comme beaucoup de peuples barbares, qui se peignaient le corps pour effrayer leurs ennemis.

535. *Le noir ébénier...* Que fit connaître en Grèce l'expédition orientale d'Alexandre.

536. *Les Sabéens...* Peuple de l'Arabie heureuse.

537. *Un mol duvet...* Le coton ?

538. *Les Sères...* Les Chinois. Jusque sous le règne de Justinien, époque à laquelle les premiers vers à soie furent importés à Byzance, les anciens crurent que la soie était un produit végétal. Toutefois une mission romaine qui aborda en Indochine en l'an 166 avait déjà permis à Pausanias d'attribuer la soie à un insecte.

539. *Cette pomme salutaire...* Le citron.

540. *Contre la mauvaise haleine...* Cf. Pline, XII, 4 : *commendandi halitus gratia*, « en vue de corriger l'haleine ».

541. *L'Hermus dont l'or trouble les eaux...* L'Hermus, fleuve d'Asie Mineure, auj. le Kedous, qui, avec son affluent le Pactole, roulait des paillettes d'or.

542. *Bactres...* Capitale de la Bactriane, auj. Balkh, dans le Turkestan.

543. *La Panchaïe...* Ile fabuleuse, où prétendait avoir abordé le philosophe Evhémère, et qu'il situait dans la mer Erythrée. Ennius avait traduit librement en latin le roman d'Evhémère, *l'Ecriture sacrée*.

544. *De taureaux soufflant du feu, etc...* Allusion aux légendes de Jason : soumis par le roi de Colchide à une épreuve pour obtenir la Toison d'or, Jason se vit forcé d'atteler à une charrue deux taureaux soufflant du feu par leurs naseaux. Ayant labouré un champ, il y sema les dents d'un dragon, fils de Mars et de Vénus, d'où sortirent des hommes armés qui s'entretuèrent.

545. *Le Massique...* Vin renommé, du mont Massique en Campanie, dont les pentes septentrionales produisaient le Falerne.

546. *Clitumne...* Le Clitumne, rivière d'Ombrie, auj. le Clitumno. Les anciens croyaient que ses eaux cristallines blanchissaient le poil des animaux qui s'y baignaient.

547. *La mer qui le baigne au nord...* La mer Adriatique ou Supérieure.

548. *Celle qui le baigne au sud...* La mer Tyrrhénienne ou Inférieure.

549. *Larius...* Le lac de Côme actuel.

550. *Benacus...* Le lac de Garde actuel.

551. *Nos ports, etc...* Le port Jules, construit par Agrippa en 37 : il faisait communiquer le Lucrin, où pénétrait la mer, avec l'Averne.

552. *Les digues ajoutées...* Par César, puis par Agrippa.

553. *Nous a montré...* Le poète emploie le passé, parce qu'un sénatus-consulte avait interdit l'exploitation de ces mines.

554. *Les Marses...* Peuple belliqueux établi autour du lac Fucin, auj. lac de Celano.

555. *La jeunesse Sabellienne...* Les Sabelliens, peuple de la Sabine auquel appartenaient les Marses susnommés.

556. *Le Ligure...* L'habitant du golfe actuel de Gênes.

557. *Les Volsques...* Peuple du Latium.

558. *Les Décius...* Les trois Décius, tous les trois tombés pour la patrie, le premier en 340, à Vésérès, dans une guerre contre les Latins, le second en 295, à Sentinum, dans une guerre contre les Gaulois; le troisième en 279, à Asculum, en luttant contre Pyrrhus.

559. *Les Marius...* Marius, le vainqueur de Jugurtha, et des Cimbres et des Teutons.

560. *Les grands Camille...* Camille, le vainqueur des Gaulois à l'Allia.

561. *Les Scipions durs à la guerre...* Les deux Africains, Cornélius Scipion, le vainqueur d'Annibal à Zama, et Scipion Emilien, le destructeur de Carthage.

562. *Toi, le plus grand de tous, César...* Auguste.

563. *Vainqueur aux extrêmes confins de l'Asie...* Après Actium, et pendant les deux hivers qui suivirent, Octave, sur l'Euphrate, régla pour un temps les affaires des Parthes, en employant tantôt la force des armes, tantôt la modération et la clémence.

564. *Un Indien désarmé...* La victoire d'Auguste était, pour ses contemporains, la victoire de l'Occident sur l'Orient, de Rome sur l'Inde.

565. *Terre de Saturne..* Terre sur laquelle régna Saturne, quand, chassé du ciel, il vint se réfugier en Italie et y introduisit l'âge d'or.

566. *L'art antique qui a fait ta gloire...* L'agriculture, honneur des vieux Latins.

567. *Les fontaines sacrées...* Les fontaines de la poésie pastorale.

568. *Le poème d'Ascra...* Le poème d'Hésiode, né à Ascra, en Béotie, intitulé *les Travaux et les Jours.*

569. *Par les villes romaines...* Il faut entendre que Virgile introduit chez les Romains la poésie rustique d'Hésiode.

570. *La silve palladienne du vivace olivier...* L'olivier est l'arbre de Pallas, et c'est un arbre fort vivace, puisqu'il peut vivre deux cents ans, cf. Pline, XVI, 90.

571. *Odieuse à l'areau courbe...* A cause de ses racines longues et fortes, et enchevêtrées.

572. *En suc de Bacchus...* En vin.

573. *Le gras Tyrrhénien...* Le joueur de flûte Tyrrhénien, c'est-à-dire Etrusque (les Tyrrhéniens ayant occupé le pays qui devait être l'Etrurie), s'engraissait aux festins qui accompagnaient les sacrifices.

574. *A soufflé dans l'ivoire...* Les flûtes étaient en ivoire ou en buis; leur son servait à empêcher qu'aucune parole funeste ne vînt troubler le sacrifice.

575. *Des chèvres qui brûlent les cultures...* La dent des chèvres est particulièrement funeste aux cultures; « leur morsure, dit Pline (VIII, 76), est pernicieuse pour les arbres et stérilise les oliviers. »

576. *La grasse Tarente...* Tarente, port de l'Italie méridionale.

577. *Celle qu'a perdue l'infortunée Mantoue...* Allusion mélancolique à la distribution des terres aux vétérans, cf. *Buc.*, I et IX.

578. *L'herbe fluviale*... L'herbe des bords du Mincio.

579. *Irrité*... Irrité de voir le sol couvert « de bocages inutiles ».

580. *Capoue*... Ville de Campanie, sur le Vulturne, où se trouve aujourd'hui le petit village de Santa-Maria di Capuo, à 2 kilomètres de la ville moderne.

581. *Les bords voisins du mont Vésuve*... Les pentes du Vésuve étaient couvertes de bois et de vignobles avant l'éruption de 79.

582. *Clain*... Petite rivière de Campanie, qui prenait sa source près de Noles et se perdait dans les marécages de Literne.

583. *Intolérable à la déserte Acerre*... Le Clain débordant fréquemment et dangereusement, les habitants d'Acerre, qu'il traversait, durent abandonner leur ville.

584. *A Bacchus*... Au vin.

585. *A Cérès*... Au blé.

586. *A Lyée*... Au vin. Lyée est l'un des surnoms de Bacchus, du grec λύω, délier, parce qu'il délie des chagrins.

587. *A Bacchus*... Au vin.

588. *Les ifs malfaisants*... Les anciens croyaient que les ifs, surtout ceux d'Espagne, recélaient un certain poison, en leurs fruits, en leur bois et même en leur ombrage. Cf. Pline, XVI, 20.

589. *Les lierres noirs*... On distinguait les lierres blancs et les lierres noirs. Cf. notes 202 et 838.

590. *Dont la tête s'élève, etc*... Cf. La Fontaine, *Le Chêne et le Roseau :*

Celui de qui la tête au ciel était voisine
Et dont les pieds touchaient à l'empire des morts.

591. *Ne plante pas le coudrier parmi tes vignes*... Sans doute parce que le coudrier a des racines trop abondantes et trop vigoureuses, qui épuiseraient le suc de la terre. On plantait surtout l'orme, et quelquefois le frêne ou le peuplier noir.

592. *Borée*... Le vent du Nord.

593. *L'oiseau blanc*... La cigogne.

594. *Odieux aux longues couleuvres*... La cicogne détruit les serpents, cf. Juvénal, XIV, 74 : *serpente ciconia pullos nutrit*, « la cigogne nourrit ses petits d'un serpent ».

595. *L'hiver*... Les constellations de l'hiver.

596. *Le Père tout-puissant, l'Ether*... Jupiter confondu ici avec l'air. Cet hymen de l'Air et de la Terre, que symbolisent « les pluies fécondes », a été décrit par Eschyle, Euripide et, ensuite, par Lucrèce, I, 250; II, 992, dont Virgile se souvient ici.

597. *Joyeuse*... Au printemps.

598. *Rappellent... Vénus*... La période des amours recommence.

599. *De durs bidents*... Hoyaux à deux dents, d'environ trois pieds; cf. Pline, XXII, 35 : *bidente ternos pedes alto.*

600. *La scène...* L'estrade sur laquelle jouaient les acteurs.

601. *Les Thésides...* Les Athéniens, ainsi nommés ici « Thésides » parce que Thésée, leur roi, avait réuni en une seule cité les douze bourgades qui formèrent Athènes.

602. *En allant de bourg en bourg et de carrefour en carrefour...* La comédie est à ses débuts une promenade de gens ivres à travers les cantons, « comés », d'un pays.

603. *Par-dessus des outres huilées...* Ce jeu, qui accompagnait les fêtes de Dionysos ou *Ascolies*, consistait à sauter à cloche-pied (grec *askôliazein*) sur des outres huilées et à s'y maintenir en équilibre. Le gagnant recevait en prix une outre pleine de vin.

604. *Ausoniens...* Peuple de la côte occidentale de l'ancienne Italie : les poètes donnent souvent le nom d'Ausonie à toute l'Italie.

605. *Race envoyée de Troie...* Allusion à l'origine légendaire des Romains, descendants d'Enée. Les Ausoniens proprement dits étaient, en réalité, d'origine osque.

606. *Des vers grossiers...* Tels les vers saturniens qui entraient dans les chants fescennins.

607. *Des figurines d'argile...* Ces figurines, petits masques de Bacchus, oscillaient au gré du vent, et la partie du verger ou de la vigne vers laquelle était dirigée la face du dieu portait, croyait-on, un plus grand nombre de fruits.

608. *Sur des broches de coudrier...* On a vu que le coudrier était funeste aux vignes : on immolait donc un animal funeste sur des branches également funestes.

609. *La dent recourbée de Saturne...* La serpe, attribut du dieu qui enseigna aux Romains l'art de tailler la vigne.

610. *Jupiter...* Dieu de la pluie et de la grêle.

611. *Pâtures des feux nocturnes...* Substance dont on fait les torches.

612. *Le Cytore...* Montagne située aux confins de la Paphlagonie et de la Galatie, et couverte de buis; cf. Pline, XVI, 28 : *buxus Cytoriis montibus plurima*, « le buis surabondant dans les monts du Cytore ».

613. *Naryce...* Naryce ou Narycie, ville de la Locride, dont les colons vinrent fonder Locres (auj. Gerace) dans le Bruttium : Columelle cite la poix de Naryce.

614. *Des champs...* Des champs plantés d'arbres.

615. *Les forêts stériles au sommet du Caucase...* Le Caucase était couvert d'immenses forêts, cf. Strabon, XI, 11, 15.

616. *Des tympans...* Des roues pleines.

617. *En arcs Ituréens...* Arcs dont se servaient les habitants pillards de l'Iturée, pays situé au nord-est de la Palestine.

618. *Le Pô...* On fabriquait des barques avec les aunes de la rive.

619. *Les Centaures, etc...* Ovide, *Mét.*, XII, 210 sq., a conté la lutte des Centaures (moitié hommes et moitié chevaux) et des Lapithes (cavaliers thessaliens) aux noces de Pirithoüs et d'Hippodamie.

620. *Furieux...* Ivres de vin.

621. *Rhétus et Pholus et Hylée...* Noms de Centaures.

622. *De son grand cratère...* Certains cratères, vases où l'on mélangeait l'eau au vin, étaient assez grands pour qu'un homme pût se cacher derrière eux; cf. *En.*, IX, 346.

623. *Incrustés d'une belle écaille...* Non seulement les battants des portes, mais les lits et les meubles des Romains riches recevaient des incrustations d'écailles de tortue venant de l'Ethiopie et de l'Inde, et même des incrustations de pierres précieuses et de gemmes.

624. *Des bronzes d'Ephyré...* Ephyré est le nom ancien de Corinthe : le bronze ou airain de Corinthe était célèbre; cf. Pline, XXXIV, 3.

625. *Du poison d'Assyrie...* De la pourpre de Tyr, qui « empoisonne » la laine en la teignant : Virgile et d'autres poètes confondent souvent la Phénicie, contrée de la Syrie, avec l'Assyrie.

626. *Cannelle...* La cannelle était importée de l'Inde à Rome par des marchands arabes ou syriens.

627. *Tempé...* Nom générique pour toute vallée fraîche; ici, les frais vallons. Le Tempé était un vallon de Thessalie, situé sur les deux rives du Pénée, entre l'Olympe et l'Ossa, et célèbre par sa fraîcheur.

628. *Des pères...* Des pères de famille.

629. *La Justice...* La vierge *Justitia* monta au ciel où elle devint la constellation de l'Astrée.

630. *Les insignes sacrés...* Tels que le ciste mystique.

631. *Les tourments de la lune...* Ses phases diverses.

632. *Si... un sang froid coule autour de mon cœur...* A en croire Empédocle, qui fait du sang qui avoisine le cœur le siège de la pensée, plus ce sang est froid, plus l'intelligence est faible.

633. *Le Sperchéus...* Le Sperchéus, auj. Hellada, rivière de la Thessalie méridionale, qui prend sa source dans le Pinde, coule à travers des gorges profondes et se jette dans le golfe Maliaque par deux bouches, non loin des Thermopyles.

634. *Le Taygète...* La chaîne du Taygète, auj. Taygelete, s'étend à travers la Laconie jusqu'au cap Ténare et domine la ville de Sparte.

635. *Où mènent leurs bacchanales les vierges de Laconie...* Il y avait au pied du Taygète un temple de Bacchus, où seules étaient admises les vierges initiées.

636. *L'Hémus...* Auj. les Balkans.

637. *Qui a mis sous ses pieds toutes les craintes...* Idée Lucrétienne.

638. *L'avare Achéron...* Le fleuve des Enfers.

639. *Pan...* Cf. *Buc.*, II.

640. *Silvain...* Cf. *Buc.*, X. Virgile, en le traitant de « vieux », paraît le confondre ici avec Silène.

641. *Les Nymphes sœurs...* Sœurs entre elles.

642. *Les faisceaux du peuple...* Assemblage de baguettes d'orme ou de bouleau, liées par des bandelettes, les faisceaux, que portaient des licteurs, étaient le symbole de l'*imperium* populaire, c'est-à-dire des diverses magistratures confiées par le peuple (dictature, consulat, préture, questure).

643. *La discorde poussant des frères sans foi...* Allusion générale aux embûches que se tendent des frères; cf. Lucrèce, III, 72 : *Crudeles gaudent in tristi funere fratres.* A l'époque où écrit Virgile, deux frères, Tiridate et Phraate, se disputaient le trône des Parthes.

644. *Le Dace...* Habitants de la région comprise entre le Danube et la mer Noire (auj. une partie de la Transylvanie et de la Moldavie), les Daces inquiétaient les Romains, et, en 34, Octave attaqua leurs voisins, les Pannoniens; en 29, Crassus, soumit une partie des Gètes, leurs autres voisins.

645. *Descendant de l'Ister...* Descendant des Alpes de Carinthie à travers lesquelles coule l'Ister, auj. le Danube.

646. *Conjuré...* Où les Daces s'étaient alliés avec leurs voisins, les Pannoniens et les Gètes.

647. *Les royaumes destinés à périr...* Ceux qui luttaient contre Rome.

648. *Le forum insensé...* Qui connaît les folles luttes des partis et les folles querelles des plaideurs.

649. *Les archives du peuple...* Les archives des actes civils, dans le temple de Saturne, sur le forum.

650. *Gemme...* Pierre taillée en coupe.

651. *La pourpre de Sarra...* La pourpre de Tyr, anciennement Tsor, dont les Romains ont fait Sarra, auj. Sour ou Sar.

652. *Les rostres...* La tribune aux harangues, sur le forum, ornée des rostres ou éperons de navires pris à l'ennemi, et qui avait été reconstruite par César.

653. *Les applaudissements...* Accueillant au théâtre l'arrivée d'un personnage en vue.

654. *La baie de Sicyone...* Sicyone, ville d'Achaïe, non loin de Corinthe, et dont la campagne fertile produisait des olives célèbres.

655. *Ses compagnons couronnent les cratères...* Avant la libation aux dieux.

656. *Lénéen...* Cf. note 496.

657. *Les vieux Sabins*... L'un des plus anciens peuples de l'Italie, souche de toutes les nations sabelliennes.

658. *Sept collines*... L'Aventin, le Capitole, le Célius, l'Esquilin, le Palatin, le Quirinal et le Viminal.

659. *Le roi du Dicté*... Jupiter, nourri sur le mont Dicté, en Crète.

660. *Eût pris en main le sceptre*... Succédant à Saturne.

661. *Une race impie, etc*... Les anciens Romains avaient un tel respect pour le bœuf et le taureau, auxiliaires de leur travail champêtre, qu'il était défendu d'en tuer sous peine de mort. Cf. Varron, II, 5, 4, et Columelle, VI, *préface*.

662. *Saturne d'or*... Saturne, roi de l'âge d'or.

LIVRE TROISIÈME

LE BÉTAIL

Le poète espère s'illustrer en traitant un sujet nouveau (1-12). — Temple allégorique en l'honneur d'Octave (13-39), — Invocation à Mécène (40-48). — Reproduction des taureaux (49-71) et des chevaux (72-136). — Soins des mères (137-156). des veaux (157-178), des poulains (179-208). — L'amour chez les animaux : combat des taureaux, fureur des cavales (209-285). — Les brebis et les chiens (286-338). — Les troupeaux en Libye (339-348), en Scythie (349-383). — La laine (384-393). — Le lait (394-403). — Les chiens (404-413). — Soins de propreté aux étables (414-439). — Maladies des troupeaux (440-473). — La peste des animaux en Illyrie (474-566).

Sources : Varron. — Aristote, *Histoire des animaux* (pour les vers 250-257 et 272-283). — Nicandre de Colophon, *Thériaques* (pour les vers 414-439). — Lucrèce, pour la description de la peste 478-568).

663. *Palès*... Cf. note 127.

664. *Pâtre de l'Amphryse*... L'Amphryse, petit fleuve de Thessalie, sur les bords duquel Apollon, chassé du ciel pour avoir tué les Cyclopes, fit paître les troupeaux du roi Admète.

665. *Forêts et rivières du Lycée*... Sur le Lycée, cher au dieu Pan, cf. note 297.

666. *Le dur Eurysthée*... Eurysthée, fils de Sthénélus, roi d'Argos, qui imposa à Hercule ses douze travaux, et qui fut tué par Hyllus, fils d'Hercule. — Le sujet a été traité par Théocrite.

667. *Les autels de l'infâme Busiris*... Les autels sur lesquels le roi d'Egypte Busiris, fils de Neptune et d'Anippé, immolait les

étrangers qui abordaient ses Etats; Busiris fut tué par Hercule. — Le sujet de Busiris a été traité par Callimaque.

668. *Le jeune Hylas*... Cf. note 163. — Le sujet a été traité par Théocrite, Nicandre, Apollonius de Rhodes.

669. *La Latonienne Délos*... Délos, auj. Dili, l'île des Cyclades où Latone mit au monde sur le Cynthe les deux jumeaux, Apollon et Diane. — Le sujet a été traité par Callimaque, dans son *Hymne à Délos*.

670. *Hippodamie*... Hippodamie, fille d'Œnomaüs, roi de Pise en Elide. L'oracle ayant prédit qu'Œnomaüs serait tué par son futur gendre, il déclara qu'il ne donnerait sa fille qu'à celui qui vaincrait à la course des chars ses chevaux « plus rapides que le vent », et que les vaincus seraient mis à mort. Treize prétendants avaient déjà péri, quand Pélops, ayant corrompu Myrtile, écuyer d'Œnomaüs, l'emporta : l'essieu du char d'Œnomaüs se rompit, Œnomaüs fut tué dans l'accident, et Pélops épousa Hippodamie. — Le sujet a été traité par Callimaque.

671. *Pélops*... Pélops, fils de Tantale, roi de Lydie, fut tué par son père et servi à la table des dieux. Cérès, distraite, mangea une épaule du malheureux Pélops, mais Jupiter le ressuscita et Cérès remplaça par une épaule d'ivoire celle qu'elle avait mangée.

672. *Moi aussi*... Après les poètes grecs et alexandrins.

673. *Du sommet Aonien*. — Du sommet de l'Hélicon, en Béotie ou Aonie; cf. note 173.

674. *Mantoue*... La petite patrie du poète.

675. *Les palmes de l'Idumée*... L'Idumée ou pays d'Edom, dans la Palestine méridionale, célèbre par ses palmeraies.

676. *Le large Mincius*... Cf. note 189.

677. *Au milieu*... Dans le *naos*.

678. *César*... Octave-Auguste.

679. *Vainqueur*... Dans la lutte poétique.

680. *La pourpre de Tyr*... Que portaient les sénateurs et organisateurs de jeux.

681. *L'Alphée*... Fleuve de l'Elide, auj. Roufia, qui arrosait la plaine où avaient lieu les jeux Olympiques.

682. *Molorchus*... Molorchus, berger de Cléones, près de Némée, reçut chez lui Hercule après sa victoire sur le lion de Némée. Au temps de Virgile, les jeux Néméens se donnaient tous les deux ans à Argos.

683. *Du ceste sanglant*... Le ceste était un gant de lanières de cuir de bœuf cru, croisées les unes sur les autres, et qui contenait des lames de plomb et de fer; cf. *En.*, V. 405.

684. *Fait tourner ses décors*... Qui glissaient sur des pivots.

685. *Les Bretons*... Les Bretons, brodés dans le tissu, paraissaient mouvoir le rideau.

686. *Lèvent les rideaux*... Les Latins levaient le rideau pour

cacher la scène et le baissaient pour la découvrir. C'est le contraire de l'usage actuel.

687. *Le combat des Gangarides...* Habitants des bords du Gange, dont Octave allait bientôt recevoir à Samos les ambassadeurs effrayés.

688. *Quirinus vainqueur...* Octave-Auguste, que le Sénat identifia plus tard avec le dieu Quirinus-Romulus des anciens Romains.

689. *Le Nil aux ondes guerrières...* Allusion aux manœuvres d'Antoine et de Cléopâtre.

690. *Les colonnes dressées avec l'airain naval...* Les quatre colonnes de bronze qu'Octave fit dresser sur le Capitole avec les rostres des navires pris à l'ennemi.

691. *Les villes d'Asie domptées...* On représentait les villes par des femmes couronnées de tours.

692. *Le Niphate repoussé...* Le Niphate est une montagne d'Arménie, auj. le Nimrod, d'où le Tigre descend. Phraate, roi des Parthes, avait battu Artavasd, roi d'Arménie, et lui avait substitué Artaxe, qui massacra les Romains du pays. « Le Niphate » n'était pas encore « repoussé », quand Virgile écrivait *les Géorgiques :* Les Arméniens furent soumis par Tibère en 20 av. J.-C.

693. *Des contrées opposées...* L'Orient et l'Occident.

694. *L'un et l'autre rivage...* Les côtes de l'Orient et celles de l'Occident.

695. *La pierre de Paros...* Le marbre blanc de Paros, auj. Paro, l'une des Cyclades, était particulièrement renommé.

696. *La postérité d'Assaracus...* Assaracus, fils de Tros et roi de Troie, était le père de Capys, l'aïeul d'Anchise, le bisaïeul d'Enée, à qui la *gens Julia* prétendait remonter.

697. *Cette race renommée descendue de Jupiter...* La race d'Assaracus, petit-fils d'Erichthon, lui-même fils de Dardanius, lui même fils de Jupiter.

698. *Tros...* Le père d'Assaracus, cf. note 696.

699. *Le Cynthien, fondateur de Troie...* Apollon, né sur le Cynthe, à qui la légende attribuait la fondation de Troie; cf. *Géorg.*, I, 502, et la note 490.

700. *L'Envie infortunée y aura peur des Furies...* Un bas-relief allégorique représentait l'Envie des ennemis impuissants d'Octave, précipitée aux Enfers et fuyant devant les Furies.

701. *Le fleuve sévère du Cocyte...* Le fleuve des Enfers qui reçoit l'Achéron et forme le Styx. Sur ses bords « sévères » erraient pendant cent ans ceux qui n'avaient pas été ensevelis.

702. *Des serpents d'Ixion enroulés...* Ixion, roi des Lapithes, ayant osé porter les regards et même la main sur Junon, fut précipité par Jupiter dans le Tartare et attaché à une roue qui

tournait sans cesse. Virgile est le seul poète à avoir parlé des serpents qui liaient Ixion, mais on trouve la scène sur la représentation d'un vase grec de Cumes, soit que le sculpteur ait suivi Virgile, soit que Virgile ici ait suivi un sculpteur.

703. *La roue monstrueuse...* La roue d'Ixion.

704. *L'insurmontable rocher...* Le rocher que Sisyphe, fils d'Eole, roi de Corinthe, et brigand fameux, fut condamné, après que Thésée l'eut tué, à rouler sans cesse, au haut d'une montagne d'où il retombait toujours.

705. *Les forêts des Dryades...* Les forêts hantées par les nymphes Dryades, « nymphes des bois ».

706. *Vierges...* Virgile est le premier poète latin à écrire un poème champêtre.

707. *Le Cithéron...* Montagne, auj. Elatea, qui séparait l'Attique de la Béotie.

708. *Nous appelle à grands cris...* Sans doute les cris des animaux qui paissaient les pentes boisées du Cithéron.

709. *Les chiens du Taygète...* Les chiens de Laconie, dont le Taygète (cf. note 634), qui en est la chaîne de montagnes principale, était un rendez-vous de chasse pour les Spartiates.

710. *Epidaure dompteuse de chevaux...* Epidaure, ville d'Argolide, était réputée pour ses chevaux; cf. Horace, *Od.*, I, 7, 9.

711. *A dire les ardentes batailles de César...* Allusion possible à *l'Enéide;* allusion plus probable à un futur poème, dont l'idée était encore vague.

712. *Tithon...* Frère de Priam et petit-neveu d'Assaracus, cf. notes 696 et 697.

713. *Lucine...* Cf. note 100.

714. *Vénus...* L'amour.

715. *Les plus beaux jours de l'âge, etc...* Cf. La Fontaine :

> *La plus belle saison fuit toujours la première;*
> *Puis la foule des maux amène le chagrin,*
> *Puis la triste vieillesse; et puis l'heure dernière*
> *Au malheur des mortels met la dernière main.*

716. *Cyllare...* Nom du cheval célèbre donné par Neptune à Pollux.

717. *Pollux d'Amyclée...* Pollux, fils de Jupiter et de Léda, elle-même femme de Tyndare, roi d'Amyclée ou Amyclées, auj. Sclavochori, en Laconie.

718. *Par les poètes grecs...* Par Homère et Antimaque.

719. *Les chevaux de Mars...* L'un de ces chevaux, à en croire Antimaque, se nommait « Peur », Φόβος.

720. *Ceux qui traînaient le char du grand Achille...* C'étaient le Blond, Χάνθος, et le Moucheté, Βαλίος, cf.*Iliade*, XV, 119 et XVI, 149.

721. *A l'arrivée de son épouse, Saturne, etc...* Surpris par la brusque arrivée de son épouse Rhéa, au moment où il faisait l'amour avec l'Océanide Philyre, Saturne se changea en cheval et s'enfuit. Et, comme fruit de ses amours avec le dieu métamorphosé en cheval, la belle Philyre mit au monde le Centaure Chiron.

722. *Le haut Pélion...* Car c'est là que Saturne et Philyre se trouvaient réunis; cf. note 433.

723. *Vénus...* L'amour.

724. *Erichthon...* Roi d'Athènes, successeur d'Amphitryon, créateur des Panathénées.

725. *Se tenir... sur des roues...* Le conducteur était toujours debout.

726. *Les Lapithes du Péléthronium...* Les Lapithes du Péléthronium, forêt située sur le Pélion, passaient pour avoir inventé le frein et la selle.

727. *L'Epire et la vaillante Mycènes...* L'Epire et la ville de Mycènes, en Argolide, étaient réputées pour leurs chevaux.

728. *Neptune...* Qui, d'un coup de son trident, avait fait sortir de terre un cheval fougueux, lors de sa querelle avec Minerve.

729. *Vénus...* Le suc de l'amour mâle.

730. *Silare...* Le Silare, auj. Selé, fleuve qui séparait la Campanie de la Lucanie et qui se jetait dans le golfe de Paestum, auj. golfe de Salerne.

731. *L'Alburne...* Montagne de la Lucanie, auj. Monte-di-Postiglione.

732. « *Asile* »... Le taon, en gr. « œstre », οἶστρος, fureur.

733. *Tanagre...* Affluent du Silare, auj. Negro; cf. note 730.

734. *L'horrible colère de Junon, lorsqu'elle médita la perte de la génisse, fille d'Inachus...* Io, fille d'Inachus, premier roi d'Argos, fut aimée par Jupiter et devint vite odieuse à Junon. Pour la soustraire à la vengeance jalouse de sa femme, Jupiter transforma Io en génisse. Junon fit alors surveiller Io par Argus, mais Mercure délivra Io de son gardien en le massacrant. Junon, furieuse, attacha un taon à la poursuite de la trop belle génisse, qui se sauva en Egypte où elle reprit sa première forme et fut adorée sous le nom d'Isis; cf. Ovide, *Mét.*, I, 588.

735. *L'Alphée...* Cf. note 681.

736. *Qui coule à Pise...* Où se célébraient les jeux Olympiques.

737. *Le bois sacré de Jupiter...* L'enceinte sacrée, dont Jupiter était le maître, et qu'on nommait *Altis*.

738. *Des bords hyperboréens...* De la région nordique des monts Riphées.

739. *Aux bornes...* Les bornes autour desquelles on tournait aux deux bouts du stade.

740. *La plaine de l'Elide*... Elis, en 572, avait détruit Pise, pour avoir l'administration des jeux Olympiques.

741. *Les chars des Belges*... C'étaient des chars à deux roues, ouverts devant, fermés derrière, et tirés par deux chevaux. Les Romains les adoptèrent après la guerre des Gaules.

742. *Sila*... Plateau boisé du Bruttium.

743. *Le porc Sabellique*... Le sanglier de Sabine, le plus terrible des sangliers, disait-on, avec celui de la Lucanie.

744. *Que n'ose point un jeune homme, etc*.... Allusion à Léandre, jeune homme d'Abydos, qui, toutes les nuits, traversait l'Hellespont à la nage pour aller retrouver sa maîtresse, Héro, prêtresse de Vénus à Sestos. Une torche allumée par Héro au haut d'une tour lui servait de phare, mais, par une nuit de tempête, Léandre se noya, et quand les vagues, le matin, déposèrent son cadavre sur la côte de Sestos, Héro se précipita dans la mer.

745. *Tourne la porte immense du ciel*... Selon la tradition, le tonnerre était le fracas fait par la porte du ciel, quand elle s'ouvrait brusquement pour laisser passage à l'orage.

746. *Des lynx tachetés de Bacchus*... Le char de Bacchus était tiré par des lynx, des tigres et des panthères.

747. *Les Potniades*... Les cavales de Potnie, ville de Béotie, non loin de Thèbes.

748. *Glaucus*... Glaucus, fils de Sisyphe et père de Bellérophon, ayant éloigné des étalons ses cavales afin de les conserver plus fines et plus légères, se vit déchirer par elles à belles dents.

749. *Gargare*... Cf. note 367.

750. *L'Ascagne sonore*... Fleuve de Bithynie, déverseur du lac du même nom, auj. Isnik.

751. *Fécondées par le vent*... Les anciens croyaient à cette fécondation étonnante. Nous en trouvons le témoignage dans Homère, *Il.*, XVI, 150, qui attribue au Zéphyr la paternité des chevaux d'Achille; dans Aristote, *Hist.*, *an*, VI, 18; dans Varron, II, 1, qui écrit que « la chose est incroyable et pourtant vraie »; dans Pline, VIII, 67, et Columelle, VI, 27, qui en parlent comme de faits avérés et citent des cas.

752. *Dans ta direction, ô Eurus*... Direction sud-est.

753. *Vers Borée*... Vers le nord.

754. *Vers le Caurus*... Vers le sud-ouest.

755. *Du côté où naît l'Auster*... Du côté sud.

756. *Hippomane*... Le mot désigne tantôt, comme ici, l'humeur âcre et visqueuse « qui suinte de l'aine des juments »; tantôt l'excroissance de chair que le poulain nouveau-né porte sur le front et dont les sorcières tiraient des philtres d'amour; cf. *En.*, IV, 515.

757. *A des herbes*... A des herbes magiques, dont certaines portent le nom d'herbes d'hippomane.

758. *Castalie*... Fontaine, sur la pente du Parnasse, consacrée

aux Muses, et ainsi nommée du nom de la nymphe qui s'y précipita pour échapper à l'étreinte d'Apollon.

759. *Palès*... Cf. note 127.

760. *La goutte déformante*... Vulgairement, la *clavelée* (de *clavus*, clou), petites tumeurs qui déforment le pied des brebis.

761. *Le froid Verseau*... Le Verseau (« verseur de pluie »), signe du Zodiaque, qui se couche le 15 février et auquel succèdent les Poissons.

762. *La fin de l'année*... L'année agricole finissait avec la fin de l'hiver (en février).

763. *Les toisons de Milet*... Milet, en Asie Mineure, au sud de l'embouchure du Méandre, était renommée par ses laines, auxquelles Pline donne le troisième rang; cf. Pline, VIII, 190.

764. *Imprégnées de la pourpre de Tyr*... On les trempait dans des matières colorantes chaudes.

765. *Cinyps*... Petit port de la Libye, à l'embouchure de la rivière qui porte ce nom (auj. Cinifo ou, en arabe, Ouadi-Quaham), entre les deux Syrtes.

766. *Les sommets du Lycée*... Cf. note 297.

767. *L'un et l'autre troupeau*... Les chèvres et les brebis.

768. *Aux premiers feux de Lucifer*... L'étoile du matin, qui est aussi l'étoile du soir. Cf. note 184.

769. *La quatrième heure du jour*... La quatrième heure du jour solaire, environ dix heures du matin en été.

770. *Le grand chêne de Jupiter au tronc antique*... Un chêne pareil aux chênes de Dodone.

771. *La lune verseuse de rosée*... Les anciens faisaient de la Rosée la fille de Jupiter et de la Lune, et croyaient qu'elle descendait de la lune.

772. *L'Alcyon*... Cf. *Géorg.*, I, 399, et la note.

773. *Amyclée*... Ou Amyclées. Ces chiens d'Amyclée, longs et minces, avec une tête pointue, étaient excellents pour la chasse.

774. *Carquois de Crète*... Les Crétois étaient célèbres comme archers.

775. *L'onde Méotide*... L'onde du Palus Méotide, auj. mer d'Azov.

776. *L'Ister*... Le Danube.

777. *Le Rhodope*... Cf. *Buc.*, VI, 30 et la note.

778. *Jusqu'au milieu du pôle*... C'est-à-dire vers le nord.

779. *Le Caurus*... Vent du sud-ouest; cf. note 754.

780. *Une liqueur fermentée d'orge*... La cervoise.

781. *La constellation des sept Bœufs hyperboréens*... La constellation de la Grande Ourse avec ses sept étoiles (*septem Triones*, le septentrion).

782. *L'Eurus du Riphée*... Cf. *Géorg.*, I, 240 et la note.

783. *Bardanes et tribules*... Dont les fruits s'attachent à la laine des brebis, la tirent et l'arrachent.

784. *La légende*... La légende dont parle Virgile était rapportée par Nicandre; cf. Macrobe, V, 22, 10.

785. *Pan, dieu d'Arcadie*... Cf., IIe *Bucolique*.

786. *Te surprit, ô Lune, et t'abusa*... Pan, pour séduire la Lune, prit la forme d'un bélier d'une blancheur éblouissante, et l'entraîna au fond des forêts.

787. *Les rapides lévriers de Sparte*... Cf. note 709.

788. *Le vigoureux Molosse*... Le dogue du pays des Molosses, peuple de l'Epire occidentale.

789. *Des Hibères indomptés*... Les Hibères (Espagnols) — l'Espagne alors était à peine soumise — passaient pour voleurs et pillards : Virgile désigne ici par eux les voleurs de bestiaux.

790. *Onagres*... L'onagre ou âne sauvage abondait en Phrygie, en Lycaonie (cf. Varron, II, 6) et en Afrique, mais ne se trouvait pas en Italie.

791. *Galbanum*... Résine, tirée d'une plante ombellifère de Syrie, dont l'odeur, quand on la brûlait, mettait en fuite les reptiles; cf. Pline, XII, 56.

792. *La Calabre*... Contrée du sud de l'Italie.

793. *Un mauvais serpent*... Le chersydre, qui, comme l'indique son nom, est amphibie et vit sur la terre et dans l'eau (grec *chersos*, terre; *udôr*, eau).

794. *Un triple dard*... La langue des serpents n'est point trisulce, comme le croit Virgile, et Pline avec lui (cf. XI, 65), mais bisulce.

795. *D'écume d'argent*... De cette écume d'argent épurée au feu, qu'on nomme lithargyre ou litharge, et que Pline préconise comme remède à la goutte.

796. *De soufre vif*... Nommé encore soufre vierge.

797. *De poix de l'Ida*... Poix renommée, cf. note 511.

798. *Les Bisaltes*... Peuple de la Macédoine du Nord, qui habitait la rive droite du Strymon.

799. *L'impétueux Gélon*... Les Gélons, peuple grec du pays des Sarmates, qui habitait vers le Borysthène.

800. *Le Rhodope*... Cf. note 159.

801. *Les déserts des Gètes*... Les Gètes, peuple scythe, habitaient entre le Borysthène et le Pont-Euxin, la région qui est maintenant la Bessarabie.

802. *Les chalets du Norique*... Le Norique, province de l'Empire Romain, voisine de la Pannonie.

803. *Les champs de l'Iapydie*... L'Iapydie, au nord-est de l'Adriatique, auj. une partie de l'Istrie.

804. *Le Timave*... Cf. note 219.

805. *Tous les feux de l'automne*... L'automne romain, qui commençait vers le 10 août (cf. Pline, XVIII, 68, et Columelle, II, 2), passait pour une saison dangereuse, et même, au témoignage autorisé de Celse, *Méd.*, II, 1, pour la plus périlleuse de beaucoup.

806. *Suffoque leurs gorges gonflées*... L'esquinancie ou angine des porcs.

807. *La liqueur lénéenne*... Le vin.

808. *Les présents massiques de Bacchus*... Cf. note 545.

809. *L'on cherche vainement... des génisses pour les fêtes de Junon*... Allusion probable à la légende de Biton et de Cléobis, fils de Cydippe, prêtresse de Junon à Argos, qui, les génisses manquant, s'attelèrent au char de leur mère... Le culte de la Junon argienne avait été introduit, avec tous les rites, dans l'Iapydie (cf. Strabon, V, 1, 9).

810. *Chiron, fils de Philyre*... Sur Philyre, cf. note 721. — Le centaure Chiron, qui habitait près du Pélion, était à la fois médecin, astrologue et musicien. Il eut parmi ses élèves Esculape, Machaon, Achille, Thésée. Frappé accidentellement par Hercule d'une flèche empoisonnée, il guérit sa blessure avec l'herbe qui a pris le nom de chironion ou centaurée.

811. *Mélampus, fils d'Amythaon*... Médecin fameux. C'est lui qui guérit avec de l'hellébore les Prétides, filles du roi d'Argos, que Junon avait rendues folles, et qui, ayant épousé l'aînée, monta sur le trône d'Argos.

812. *La pâle Tisiphone*. — L'une des trois Furies ou Euménides, cf. note 429.

813. *Les Maladies et la Peur*... Personnifiées ici comme dans l'*Enéide*, VI, 275-276.

LIVRE QUATRIÈME

LES ABEILLES

Invocation à Mécène (1-7). — Construction des ruches (8-50). — Départ des essaims (51-66). — Choix du « roi » (67-115). — Digression sur les jardins : le vieillard de Tarente (116-148). — Mœurs, travaux, instinct des abeilles (149-227). — Récolte du miel (228-250). — Maladies (251-314). — Episode d'Aristée (315-557). — Epilogue (558-566).

Sources : Aristote, *Hist. des animaux*. — Varron. — Et, sans doute, premiers ouvrages perdus, tels que les *Mélissourgiques* de Nicandre.

814. *Le miel aérien, présent céleste*... Le miel était, pour les

anciens, une rosée qui tombait du ciel sur les plantes. (Cf. Pline, XI, 12).

815. — *Les lézards bigarrés au dos écailleux...* Columelle, XI, 7, nous dépeint le lézard assiégeant la porte des ruches et frappant les abeilles qui en sortent.

816. *Procné... qui porte sur sa poitrine l'empreinte de ses mains sanglantes...* Les taches rougeâtres qui marquent la poitrine de Procné (l'hirondelle) proviennent, suivant la fable, du sang d'Itys qu'elle avait servi à son père Térée dans un festin (cf. la note 182). Ovide, qui conte la fable au livre VI des *Métamorphoses*, écrit que « les traces du crime ne s'étaient pas effacées de la poitrine de Procné et que sa plume était souillée de sang ».

817. *Leur vestibule...* L'espace laissé libre devant les ruches.

818. *Les nouveaux rois...* Virgile et les Romains de cette époque prenaient les *reines* pour des rois.

819. *Neptune...* L'eau du ruisseau, vraie mer pour les petites abeilles.

820. *L'Eurus...* Vent du sud-est.

821. *Une gomme plus onctueuse que la glu...* Cette gomme, récoltée principalement sur les bourgeons du peuplier et du bouleau, s'appelle la *propolis*.

822. *La poix de l'Ida de Phrygie...* Cf. notes 511 et 797.

823. *Ne souffre point d'if dans leur voisinage...* Cf. note 272.

824. *N'y fais pas, sur le feu, rougir des écrevisses...* L'odeur des écrevisses brûlées (dont on se servait pour composer des remèdes) passait pour être funeste aux abeilles (cf. Pline, *H. N.*, XI, 18).

825. *La cérinthe...* Vulgairement le mélinet, plante très répandue en Lombardie.

826. *La Mère...* Cybèle, la mère des dieux, la Terre Mère, dont le culte fut introduit à Rome pendant la seconde guerre punique et qu'on fêtait, au son des cymbales, dans les *Mégalésies*.

827. *Assouplissent leurs membres...* Comme des athlètes.

828. *Le prétoire...* La cellule du roi (de la reine), qui commande en chef.

829. *Reconnaissables à leurs ailes...* Qui sont d'une plus belle couleur.

830. *A date fixe...* Au printemps et à l'automne, quand se lèvent et se couchent les Pléiades.

831. *Propre à corriger la saveur trop dure de Bacchus...* Les Latins corrigeaient le vin trop âpre avec du miel. Ils appelaient *mulsum* ce mélange, où le miel entrait pour 1/5 environ. Cf. Columelle, XV, 41, et Horace, *Sat.*, II, 4, 24 :

Aufidius forti miscebat mella Falerno.

832. *Arracher du camp les enseignes*... C'est-à-dire donner le signal du départ (cf. *Géorg.*, III, 236).

833. *Priape*... Fils de Bacchus et de Vénus, dieu des jardins, qui était représenté d'ordinaire sous la forme d'un hermès sans bras, coloré de vermillon, et armé d'une faux de bois qu'on lui attachait à droite.

834. *Hellespontiaque*... Priape était l'objet d'un culte particulier à Lampsaque, ville de Mysie, à l'entrée de l'Hellespont (auj. Lepsek).

835. *Pestum*... Ville de Lucanie, sur le golfe du même nom (auj. Pesto), célèbre autrefois par ses roses.

836. *Le narcisse lent à former sa chevelure*... Le narcisse fleurit tardivement, en novembre et même en décembre.

837. *La tige de l'acanthe flexible*... Son poids incline l'acanthe vers la terre.

838. *Les lierres pâles*... On distinguait les lierres noirs aux baies foncées et les lierres blancs aux fruits jaunâtres. Cf. *Bucoliques*, III, 39 ; VII, 38.

839. *Les myrtes, amants des rivages*... Cf. *Géorg.*, II, 112 : *Litora myrtetis lætissima*, « les forêts de myrtes abondent sur les côtes ».

840. *La ville d'Œbalus*... Tarente, qui eut pour fondateurs les Lacédémoniens, originaires de la ville où régna Œbalus, père de Tyndare.

841. *Le noir Galèse*... Fleuve de Calabre, qui se jette près de Tarente, auj. Galaso.

842. *Coryce*... Ville de Cilicie, auj. Korghos, en face de l'île de Chypre. Des pirates de Coryce, vaincus par Pompée, avaient été transportés en Calabre. Coryce était d'autre part fameuse pour ses jardins.

843. *Abandonné*... Dont personne n'avait voulu.

844. *A Bacchus*... A la vigne.

845. *Laisse à d'autres le soin de traiter le sujet*... C'est ce qu'a fait Columelle en intercalant un dixième livre en vers, sur les jardins, dans son *De Re rustica*.

846. *Les retentissantes cymbales des Curètes*... Les Curètes étaient, dans l'île de Crète, les prêtres consacrés à Jupiter. Saturne devant, en vertu du pacte conclu avec les Titans, dévorer ses enfants au fur et à mesure que Rhéa les mettait au monde, celle-ci sauva Jupiter en présentant à sa place une pierre emmaillotée à Saturne. Le nouveau-né fut confié aux Curètes, qui agitaient leurs sonores cymbales pour empêcher Saturne d'entendre ses vagissements.

847. *L'antre de Dicté*... Cf. note 659.

848. *La larme du narcisse*... La petite goutte de liqueur que contient le calice du narcisse.

849. *La gomme gluante de l'écorce...* La gomme dont il a été question au vers 40. (Cf. note 821).

850. *Compactes...* Les abeilles font passer dans leurs estomacs les cires qu'elles ont butinées et les agglutinent.

851. *D'autres font sortir les adultes, espoir de la nation...* Virgile a transcrit ce passage aux vers 431 sq. du chant I de l'*Enéide*.

852. *D'un limpide nectar...* D'un miel aussi doux que le divin nectar.

853. *La paresseuse troupe des frelons...* Les frelons ou abeilles mâles sont chassés de la ruche dès que les petits sont éclos, et parfois même sont exterminés.

854... *Et retournent le fer...* Virgile a transcrit les cinq vers précédents dans l'*En.*, VIII, 449-453.

855. *Les abeilles de Cécrops...* Les abeilles célèbres de l'Hymette (auj. le Mavro Vouni), mont voisin d'Athènes, dont Cécrops fut le premier roi.

856. *Logis dignes de Dédale...* C'est-à-dire aussi ingénieusement faits que le Labyrinthe construit par Dédale, l'habile architecte athénien, petit-fils d'Erechthée.

857. *Le tilleul onctueux...* Après les grandes chaleurs, une sorte de mannite recouvre les feuilles du tilleul et les rend onctueuses.

858. *Toutes reprennent leur travail en même temps...* Il est inexact que les abeilles travaillent toutes en même temps, mais les anciens, Pline et Columelle aussi bien que Virgile, commettaient cette erreur commune.

859. *Le silence se fait toute la nuit...* Autre erreur du poète, car les abeilles travaillent aussi la nuit.

860. *A l'approche des Eurus...* Messagers de la pluie.

861. *Souvent elles emportent de petits cailloux, etc...* Aristote le croyait comme Virgile, Pline et Columelle, mais le fait est controuvé.

862. *Les nouveau-nés éclos sur les feuilles...* Tradition erronée, recueillie par Virgile, mais que Pline met déjà en doute.

863. *Ses petits Quirites...* Les abeilles sont comparées par le poète à des citoyens romains.

864. *Le Mède de l'Hydaspe...* Le Mède ou Perse, qui habitait sur les bords du fleuve Hydaspe (auj. Djelem), dans la région actuelle du Pendjab.

865. *Dieu se répand par toutes les terres...* Doctrine panthéiste des Pythagoriciens, de Platon et des Stoïciens, qu'on trouve encore exposée au chant VI de l'*Enéide*, v. 724.

866. *Purifie ta bouche...* Une mauvaise odeur incommode et énerve les abeilles.

867. *La Pléiade Taygète*, fille d'Atlas, l'une des Pléiades.

868. *Montre à la terre...* Elle se lève le 22 avril.

869. *Repousse dédaigneusement du pied les flots de l'Océan...* Pour prendre son essor.

870. *Le même astre, fuyant...* Le coucher des Pléiades a lieu le 14 novembre.

871. *La constellation du Poisson pluvieux...* Le Poisson se lève en décembre : les Pléiades semblent donc le fuir.

872. *L'araignée odieuse à Minerve...* Arachné (l'araignée), jeune fille de Lydie avait osé prétendre qu'elle tissait mieux que Minerve, et, défiant la déesse, lui avait présenté une toile où l'on voyait les amours des dieux : Minerve, furieuse, la frappa de sa navette et Arachné se pendit de désespoir. Elle fut métamorphosée en araignée. (Cf. Ovide, *Mét.*, VI, 1-245.)

873. *Telle frémit la mer agitée, etc...* Comparaison empruntée à Homère, *Il.*, XIV, 393 sq.

874. *Tel... bouillonne le feu vorace...* Autre comparaison empruntée à Homère, *id.*

875. *Galbanum...* Cf. note 791.

876. *De la noix de galle pilée...* On appelle noix de galle une excroissance produite sur les bourgeons et les feuilles du chêne par la piqûre d'un insecte. On utilisait la noix de galle, et on l'utilise encore aujourd'hui, pour l'apprêt des cuirs et la teinture.

877. *Des raisins de Psithie...* Cf. note 521.

878. *Du thym de Cécrops...* Du thym de l'Hymette, mont voisin d'Athènes, dont le premier roi fut Cécrops.

879. *Des centaurées...* Cf. note 810.

880. *Amelle...* Variété d'aster : l'aster attique commun, de couleur violette.

881. *Près des eaux sinueuses du Mella...* Le Mella, rivière de la Gaule cisalpine (auj. Lombardie), affluent de l'Oglio.

882. *Bacchus chargé d'aromates...* Du vin aromatisé.

883. *Du maitre d'Arcadie...* Aristée, qui régna d'abord en Arcadie. Fils d'Apollon et de la nymphe Cyrène, il enseigna aux hommes l'élevage des troupeaux et des abeilles, la culture de la vigne et celle de l'olivier. Après la mort de son fils Actéon, il quitta l'Arcadie pour la Thrace.

884. *Le peuple fortuné...* Le peuple riche de la terre féconde du Nil.

885. *La Pelléenne Canope...* Canope, sur la branche occidentale du Nil (auj. branche de Rosette), est nommée pelléenne, parce qu'après la mort d'Alexandre le Grand une dynastie macédonienne occupa le trône d'Egypte : la Macédoine avait alors Pella pour capitale.

886. *Les Indiens basanés...* Les noirs Ethiopiens.

887. *Quand les Zéphyrs commencent à remuer les ondes...* C'est-à-dire au printemps.

888. *L'on peut voir alors des êtres aux formes étranges...* Arche-

laüs appelle les abeilles « les rejetons ailés d'un bœuf mort », Βοὸς φθιμένης πεποτημένα τέκνα. Varron et Virgile accueillent cette tradition, que mettent en doute Pline et Columelle (cf. Varron, *R. R.*, III, 16; Pline, XI, 23; Columelle, IX, 14).

889. *Le Pénéien Tempé...* Cf. note 627.

890. *Cyrène...* Fille d'Hypnée, roi des Lapithes, Cyrène se laissa aimer par Apollon; cf. Pindare, *Pyth.*, IX, et la note 883.

891. *Thymbra...* Ville de la Troade, sur le Thymbre, célèbre par son temple d'Apollon.

892. *Le ciel...* Une place parmi les dieux.

893. *Les toisons de Milet...* La laine de Milet était fort renommée; cf. note 763.

894. *Les douleurs de Lucine...* Les douleurs de l'enfantement; cf. note 100.

895. *Océanides...* Filles du dieu Océan.

896. *Ayant enfin déposé ses flèches...* Chasseresse devenue naïade; cf. note 286.

897. *La vaine précaution de Vulcain...* Allusion au stratagème imaginé par Vulcain pour surprendre Mars et Vénus; cf. Homère *Od.*, VIII, 266 sq.

898. *Ses doux larcins...* Ses larcins amoureux, lorsqu'il tenait Vénus dans ses bras.

899. *Depuis le Chaos...* Depuis l'origine du monde.

900. *Son père, le Pénée...* Plus exactement son grand-père, puisque Aristée était fils d'Hypnée, lui-même fils de Pénée.

901. *Le Phase...* Le Phase, auj. Fasch, fleuve de l'Asie Mineure, qui séparait l'Arménie de la Colchide et se jetait dans le Pont-Euxin.

902. *Le Lycus...* Le Lycus, fleuve du Pont, arrosait Mégalopolis et se jetait dans le Pont-Euxin.

903. *Le profond Enipée...* L'Enipée, auj. la Carissa, rivière de Thessalie, affluent du Pénée.

904. *L'Hypanis qui fait retentir les rochers...* L'Hypanis, auj. le Bug, rivière de Scythie, affluent du Borysthène (l'actuel Dnieper).

905. *Le Caïque de Mysie...* Le Caïque, auj. le Bakis-Chaï, arrosait la Mysie et se jetait dans la mer Egée.

906. *Puis...* Après les fleuves d'Orient, Virgile énumère les fleuves d'Occident.

907. *L'Anio aux doux flots...* L'Anio, auj. Aniene, affluent du Tibre, qui séparait la Sabine du Latium.

908. *Portant sur un front de taureau deux cornes jumelles...* Tel qu'on se figurait la plupart des fleuves.

909. *L'Eridan doré...* L'Eridan, auj. le Pô, roulait, disait-on, des paillettes d'or.

910. *La mer vermeille...* Expression homérique.

911. *Vains...* Parce qu'il ne tient qu'à elle de les sécher.

912. *Les encens de Panchaïe...* Cf. note 543.

913. *Ce Bacchus Méonien...* Ce vin de Méonie. Il s'agit du Tmolus; cf. note 354.

914. *L'Océan...* Qui est le père de tous les fleuves.

915. *Vesta embrasée...* Le feu.

916. *Au gouffre de Carpathos...* La mer de Carpathos, autour de l'île du même nom, auj. Scarpanto, entre Rhodes et la Crète, c'est-à-dire au nord de l'Egypte, d'où Protée est originaire.

917. *Protée...* Fils de Neptune et de Téthys.

918. *Au corps d'azur...* Comme tous les dieux marins.

919. *Emathie...* Contrée maritime de la Macédoine.

920. *Pallène...* Auj. Cassandria, presqu'île au sud-est de la Chalcidique.

921. *Le vieux Nérée...* Nérée, fils de Pontus et de la Terre, époux de Doris, père des Néréides, dieu de la mer Egée; cf. *Bucoliques*, VI.

922. *Le limpide parfum d'ambroisie...* L'ambroisie, liqueur rouge à l'odeur délicieuse, conservait une éternelle jeunesse à ceux qui en goûtaient. C'est avec l'ambroisie que Vénus, au XIIe chant de l'*Enéide*, guérit les blessures d'Enée. C'était la nourriture des dieux.

923. *Dans les nuées...* Dans les nuées dont elle s'enveloppe, comme font les divinités.

924. *Sirius...* La canicule.

925. *Orphée...* Le poète légendaire de Thrace, cf. note 64.

926. *Rhodope...* Cf. note 159.

927. *Les hauteurs du Pangée...* Le Pangée, montagne de Thrace, auj. le Punhar-Dagh, entre le Strymon et le Nestos.

928. *La terre martiale de Rhésus...* La Thrace, où régna Rhésus fils du fleuve Strymon. Un oracle ayant déclaré que Troie ne serait pas prise, si les chevaux de Rhésus buvaient les eaux du Xanthe, Priam appela Rhésus à son secours; mais Ulysse et Diomède le tuèrent et lui prirent ses chevaux; cf. *En.*, I, 469. — La Thrace est une terre martiale parce que ses habitants sont très belliqueux.

929. *Les Gètes...* Cf. note 801.

930. *L'Hèbre...* Cf. note 318.

931. *Orithye l'Actiade...* Orithye l'Actiade ou l'Athénienne, fille du roi d'Erechthée, fut enlevée par Borée avec qui elle habita les contrées nordiques.

932. *La creuse écaille de sa lyre...* D'après une tradition, la lyre fut inventée par Mercure qui trouva sur les bords du Nil

une écaille de tortue, dont quelques fibres résonnèrent sous ses doigts.

933. *Aux gorges du Ténare*... Le Ténare, promontoire de Laconie, auj. cap. Matapan, où une gorge profonde passait pour être « la porte de Dis ».

934. *Dis*... Dis ou Pluton, dieu des enfers.

935. *Les Mânes*... Divinités des morts.

936. *L'Erèbe*... Fils de Chaos et de la Nuit, père du Jour, l'Erèbe, dont le nom signifie en grec « ténèbres », fut précipité par Jupiter dans les Enfers pour avoir porté secours aux Titans, et, là, changé en fleuve.

937. *Du Cocyte*... Cf. note 701.

938. *Le Styx* ...Fleuve des Enfers; cf. *Géorg.*, I, 243.

939. *Cerbère*... Le chien à trois têtes, préposé à la garde des Enfers.

940. *La roue d'Ixion*... Cf. note 702.

941. *Aux étangs de l'Averne*... L'Averne, lac volcanique, en Campanie, près de Naples, dont les odeurs pestilentielles faisaient croire aux anciens qu'il était une entrée des Enfers; cf. *En.*, VI, 239.

942. *Le nocher de l'Orcus*... Charon; cf. *En.*, VI, 299.

943. *De Strymon*... Cf. note 369.

944. *Philomèle*... Cf., note 182.

945. *Vénus*... L'amour.

946. *Les glaces hyperboréennes*... Cf. note 738.

947. *Le Tanaïs neigeux*... Le Tanaïs, auj. le Don, fleuve du pays des Sarmates, qui se jetait dans le Palus Méotide, auj. la mer d'Azov.

948. *De Riphée*... Cf. note 419.

949. *Cicones*... Peuple de la Thrace méridionale.

950. *Des orgies du Bacchus nocturne*... Les Bacchanales avaient lieu la nuit.

951. *L'Hèbre Œagrien*... Cf. note 318. L'Hèbre est ici qualifié d'Œagrien, parce qu'il arrose la Thrace où régna Œagre, père d'Orphée.

952. *Les Napées*... Nymphes des vallons boisés (gr. *νάπη*, vallon boisé).

953. *Les sommets du Lycée*... Cf. note 297.

954. *Les pavots du Léthé*... Les pavots qui versent l'oubli et apaisent.

955. *Le grand César*... Octave-Auguste.

956. *Contre l'Euphrate*... Octave conclut en 30 un traité avec les Parthes, qui habitaient au-delà de l'Euphrate, à la frontière de la province romaine de Syrie.

957. *La douce Parthénope...* Ancien nom de Naples : Parthénope était une Sirène adorée à Naples; cf. Pline, III, 5, 9. La légende conte qu'Ulysse ayant résisté aux charmes de son chant, Parthénope se jeta dans la mer, et qu'on donna son nom à la ville qui se construisit près de son tombeau.

958. *Les chansons des bergers...* Les *Bucoliques*.

959. *J'ai chanté, ô Tityre, sous le dôme d'un vaste hêtre...* Le poète reprend au dernier vers de ses *Géorgiques* une partie du premier vers des *Bucoliques*.

INDEX DES NOMS CITÉS

A. DANS LES BUCOLIQUES *

A

Actéen, II, 24.
Adonis, X, 18.
Africains, I, 64.
Aganippe, X, 12.
Alcide (l'), VII, 61.
Alcimédon, III, 37; 44.
Alcippe, VII, 14.
Alcon, V, 11.
Alexis, II, 1; 7; 55.
Alpes (les), X, 47.
Alphésibée, V, 73; VIII, 1.
Amaryllis, I, 5; 30; 36; II, 14.
Amour (le dieu), VIII, 43; X, 28; 29.
Amphion, II, 24.
Amyntas, III, 66; X, 37; 38; 41.
Anser, IX, 36.
Antigène, V, 89.
Aonie (l'), VI, 65.
Aonien (adj.), X, 12.
Apollon, IV, 10; X, 21.
Apollon du Cynthe, VI, 3.
Aracynthe, II, 24.
Arcadie (l'), IV, 58; X, 26.
Arcadiens, VII, 4; 26; X, 31; 33.
Aréthuse, X, 1.
Argo, IV, 34.
Arion, VIII, 56.
Ariusium (vin d'), V, 71.
Arménien, V, 29.
Ascra, VI, 70.
Astrée (la Vierge), IV, 6.

B

Bacchus, V, 29.
Bavius, III, 90.
Bianor, IX, 60.
Bretons (les), I, 66.

C

Camènes (les), III, 59.
Caucase (le), VI, 42.
Chalcidique (la), X, 50.
Chaonie (la), IX, 13.
Chromis, VI, 13.
Cinna (Helvius), IX, 35.
Circé, VIII, 70.
Codrus, V, 11; VII, 26.
Conon, III, 40.
Corse (la), IX, 30.
Corydon, II, 1; 56; V, 86; VII, 2; 40.
Crémone, IX, 28.
Cydon, X, 59.
Cynthien, v. Apollon.

D

Damète, II, 37; III, 1, 5, 72.
Damon, III, 17; VIII, 1.

* Les chiffres arabes renvoient aux numéros des vers.

Daphné, II, 26; III, 12; V, 20; 29, etc.; VII, 1; 7; VIII, 68, etc...
Dardanien, II, 61.
1. Délie (bergère ?), III, 67.
2. Délie (Diane), VII, 29.
Dicté (le), VI, 56.
Dionéen (César), IX, 47
Dircé, II, 24.
Dodone, IX, 13.
Doris, X, 5.
Dryades (les), V, 69.
Dulichie, VI, 76.

E

Eglé, VI, 26.
Egon, III, 2; V, 72.
Ethiopie (l'), X, 68.

F

Faunes (les), VI, 27.

G

1. Galatée (bergère), I, 30; III, 64.
2. Galatée (néréide), VII, 37; IX, 39.
Gallus (C. Cornélius), VI, 64; X, 2; 3; 6; 22; 72; 73.
Garamantes (les), VIII, 44.
Germanie (la), I, 62.
Gortyne, VI, 60.
Grynée, VI, 72.

H

Hamadryades, V, 59; X, 62.
Hèbre (l'), X, 65.
Hélicon (l'), VI, 65.
Hespérides (pommes des), VI, 61.
Hybla (l'), I, 54; VII, 37.
Hylas, VI, 43.
Hylax, VIII, 107.

I

Iacchus, VI, 15; VII, 61.
Illyrie (mer d'), VIII, 7.
Iollas, II, 57; III, 76; 79.
Ismare, VI, 30.

J

Jupiter, III, 60; VII, 60.

L

Liber, VII, 58.
Libéthrides (nymphes), VII, 21.
Linus, IV, 57; VI, 67.
Lucine, IV, 10.
Lycée (mont du), X, 15.
Lycidas, IX, 2.
Lycisca, III, 18.
Lycoris, X, 2; 42.
Lyctien, adj., V, 72.

M

Mars, X, 44.
Mélibée, I, 6; III, 1.
Ménale (le), VIII, 21; 22; X, 15; 55.
Ménalque, II, 15; III, 13; IX, 10.
Méris, VIII, 95; IX, 1; 61.
Mévius, III, 90.
Micon, III, 10; VII, 30.
Mnasyle, VI, 13.
Mopsus, V, 1; 10; VIII, 26; 29.
Muses (les), IV, 1; VI, 69; VII, 19.

N

Naïades (les), VI, 21; X, 10.
Naïs, II, 46.
Néère, III, 3.
Nérée, VI, 35.
Néréide, v. Galatée 2.
Nisus, VI, 74.
Nymphes (les), III, 9; VI, 56; VII, 21.
Nysa, VIII, 18; 26.

O

Oaxès (l'), I, 65.
Œta (le mont), VIII, 30.
Olympe (l'), V, 56; VI, 86.
Orphée, III, 46; IV, 55; VI, 30; VIII, 56.

P

Palémon, III, 50; 53.
Palès, V, 35.
Pallas, II, 61.
Pan, II, 32; IV, 59; VIII, 24; X, 27.
Paris, II, 61.
Parnasse (le), VI, 29; X, 11.
Parques (les), IV, 47.
Parthe (la corne du), X, 59.
Parthéniens (halliers), X, 57.
Pasiphaé, VI, 46.
Permesse (le), VI, 64.
Phaéthontiades (les), VI, 62.
Phébus, III, 62; V, 9; 66; VI, 29; 66.
Philomèle, VI, 79.
Phyllis, III, 76; V, 10.
Piérides (les), III, 85; IX, 33.
Pinde (le), X, 11.
Pollion, III, 84; IV, 12; VIII, 6; 10.
Pont (le), VIII, 95.
Priape, VII, 33.
Prétides (les), VI, 48.
Prométhée, VI, 42.
Pyrrha (pierres de), VI, 41.

R

Rhin (le), X, 47.
Rhodope (le), VI, 30.
Rome, I, 19.

S

Sardaigne (la), VII, 41.
Saturne (le règne de), IV, 6; VI, 41.
Satyres (les), V, 73.
Scylla, VI, 74.
Scythie (la), I, 65.
Sicanien, adj., X, 4.
Sicile (la), IV, 1.
Sicule (le pâtre), VI, 14.
Sicules (monts), II, 21.
Silvain, X, 24.
Sithonien, adj., X, 66.
Sophocle, VIII, 10.
Stimichon, V, 55.
Syracusain, adj., VI, 1.

T

Térée, VI, 78.
Thalie, VI, 2.
Thestylis, II, 10.
Thétis, IV, 32.
Thrace (la), IV, 55.
Thyrsis, VII, 2; 16; 69.
Tigre (le), I, 62.
Timave (le), VIII, 6.
Tiphys, IV, 34.
Tityre, I, 1; IV, 13, etc.; III, 20; V, 12; VIII, 55.
Tmare (le), VIII, 44.

U

Ulysse, VIII, 70.

V

Varius, IX, 35.
Varus, VI, 7; IX, 26.
Vénus, VIII, 77.
Vesper, VI, 86; VIII, 30; X, 77.
Vesta, IV, 32.
Vierge (la), IV, 6.

B. DANS LES GÉORGIQUES

A

Abydos, I, 207.
Acerra, II, 225.
Acheloüs (l'), I, 9.
Achéron (l'), II, 492.
Achille, III, 91.
Actiade (l'), IV, 462.
Africain, III, 344.
Alburne, III, 147.
Alcinoüs, II, 87.
Alpes (les), I, 475; III, 474.
Alphée (l'), III, 19; 180.
Amérie, I, 265.
Aminée, II, 97.
Amphrysus, III, 2.
Amyclée, III, 89; 345.
Amythaon, III, 550.
Anio (l'), IV, 36.
Aonien, adj., III, 11.
Apollon, IV, 7; 323.
Aquilon (l'), I, 460; II, 118; 334; 404.
Arabes (les), II, 115.
Arcadie (l'), III, 392.
Arcadien, adj., IV, 283.
Arctos, I, 138.
Arcture, I, 68; 204.
Aréthuse, IV, 343; 350.
Argitide (vigne), II, 99.
Aristée, IV, 317; 349; 354, 434.
Ascagne, III, 270.
Ascra (poème d'), II, 176.
Asie (l'), II, 171; III, 30.
Asiatique, I, 383; IV, 342.
Assaracus, II, 35.
Assyrien, II, 465.
Athos (mont), I, 332.
Atlantides (les), I, 221.
Aurore (l'), I, 249; 447; IV, 543; 551.
Ausonien, adj., II, 385.
Auster (Autan), I, 354; 418; 462; II, 271; 333; III, 278; IV, 261.

B

Bacchus, I, 334; II, 2; 37; 113; 143; 191; 228; 240; 275; 344; 380; 388; 393; 454; 455; III, 264; 526; IV, 102; 129; 279; 379; 520.
Bactres, II, 138.
Balance (la), I, 208.
Baléares (les), I, 309.
Belges (les), III, 204.
Benacus (le), II, 160.
Béroé, IV, 340.
Bisaltes (les), III, 461.
Boréas (Borée), I, 93; 370; II, 316; III, 278.
Bouvier (le), I, 229.
Bretons (les), III, 225.
Busiris, III, 5.

C

Caïque (le), IV, 369.
Calabre (la), III, 425.
Camille, II, 169.
Canope, IV, 287.
Capys, II, 224.
Carpathos, IV, 386.

Castalie, III, 293.
Caucase (le), II, 440.
Caurus (le), III, 278; 356.
Caystre (le), I, 384.
Céa, I, 14.
Cécrops, IV, 177; 270.
Célée, I, 165.
Centaures (les), II, 456.
Céraunie, I, 332.
Cerbère, IV, 482.
Cérès, I, 7; 96; 147; 212; 297; 339; 343; 347; 349; II, 229; 517.
César, I, 25; 466; 503; II, 170; III, 16; 47; 48; IV, 559.
Chalybes (les), I, 58.
Chaonie (la), I, 8; II, 67.
Chaos (le), IV, 346.
Chèles (les), I, 33.
Chien (le), constellation, II, 353.
Chiron, III, 550.
Cicones (les), IV, 594.
Cinyps, III, 312.
Cithéron (le), III, 43.
Clain (le), II, 225.
Clio, IV, 340.
Clitumne (le), II, 146.
Clymène, IV, 344.
Cocyte (le), III, 38; IV, 478.
Cocus, I, 279.
Coryce, IV, 127.
Cressa, III, 345.
Crustumium, II, 88.
Curètes (les), IV, 151.
Cyclopes (les), I, 471; IV, 170.
Cydippe, IV, 339.
Cyllare, III, 90.
Cyllène, I, 337.
Cynthien, adj., III, 36.
Cyrène, IV, 321; 353; 375; 529.
Cytore (le), II, 437.

D

Daces (les), II, 497.
Décius, II, 169.
Déiopée, IV, 342.
Délos, III, 6.
Deucalion, I, 62.
Dicté (le), II, 536; IV, 152.
Dis, IV, 467; 519.
Dodone, I, 149.
Dryades (les), I, 11; III, 40.
Drymo, IV, 336.

E

Elée, III, 202.
Eleusis, I, 163.
Elias, I, 59.
Elyséens (les Champs), I, 38.
Emathie (l'), I, 492; IV, 389.
Enipée, IV, 367.
Envie (l'), III, 37.
Eôs (l'Aurore), I, 288.
Ephyré, II, 464; IV, 342.
Epidaure, III, 44.
Epire (l'), I, 59; III, 121.
Erèbe (l'), IV, 470.
Erichton, III, 113.
Eridan (l'), I, 482; IV, 371.
Erigone, I, 33.
Etrurie (l'), II, 553.
Euménides (les), I, 278; IV, 482.
Euphrate (l'), I, 509; IV, 560.
Eurus (l'), I, 371; III, 277; IV, 29, 192.
Eurydice, IV, 485; 489; 518; 524; 525; 526; 545.
Eurysthée, III, 4.

F

Falerne, II, 96.
Faunes (les), I, 10; 11.

G

Galèse (le), IV, 126.
Gangarides, III, 27.
Gange (le), II, 137.
Gargara, I, 103; III, 269.
Gelons, II, 115; III, 461.
Germanie (la), I, 474; 509.
Gètes (les), III, 463; IV, 462.
1. Glaucus, pêcheur, I, 437.
2. Glaucus, fils de Sisyphe, III, 267.
Gnosse (Cnosse), I, 222.

Grec, adj., II, 16; III, 90; 148.
Grèce (la), I, 38; III, 20.

H

Hèbre (l'), I, 492; 524.
Hellespontiaque (adj.), IV, 111.
Hémus (l'), I, 492; II, 488.
Herculéen, adj., II, 66.
Hermus (l'), II, 137.
Hibères (les), III, 408.
Hippodamie, III, 7.
Hyades (les), I, 138.
Hydaspe (l'), IV, 211.
Hylas, II, 457; III, 6.
Hypanis (l'), IV, 369.
Hyperboréen, adj., III, 196; 381; IV, 516.

I

Iacchus, I, 166.
Iapys, III, 475.
Ida (le mont), IV, 41; 84; 475; III, 450.
Idumée, III, 12.
Inachus, II, 153.
Inde (l'), I, 57; II, 116; 122.
Indien, II, 138; 172; IV, 293; 424.
Indigètes (les dieux), I, 498.
Inoen, adj., I, 437.
Ionienne (la mer), II, 108.
Ismara, II, 37.
Italie (l'), II, 138.
Ituréen, adj., II, 448.
Ixion, III, 38; IV, 483.

J

Japet, I, 279.
Julienne (onde), II, 163.
Junon, III, 153; 532.
Jupiter I, 125; 418; II, 15, 419; III, 35; 181; 332; IV, 149.
Justice (la), II, 474.

L

Laconien, adj., II, 487.
Lagéos (le vin), II, 93.
Laomédon, I, 502.
Lapithes (les), II, 457; III, 115.
Larius, II, 159.
Latonienne, III, 6.
Lénéen, adj. (des pressoirs), II, 4; 7; 529; III, 510.
Lesbos, II, 90.
Léthé (le), I, 78; IV, 544.
Liber (Bacchus), I, 7.
Libye (la), I, 241; II, 105; III, 249; 339.
Ligée (nymphe), IV, 336.
Ligure (le), II, 168.
Lucine, III, 60; IV, 339.
Lucrin (le lac), II, 161.
Lune (la), I, 396; III, 392.
Lycaon, I, 138.
Lycée (le), I, 16; III, 2; 314; IV, 211; 538.
Lycorias, IV, 338.
Lydie (la), IV, 211.
Lyée (Bacchus), II, 229.

M

Maia, I, 225.
Maladies (les), III, 552.
Mantoue, II, 198; III, 12.
Maréotis (le lac), II, 91.
Marius, II, 169.
Mars, I, 511; II, 283; III, 91; IV, 345.
Marses (les), II, 167.
Martiale (terre), IV, 461.
Massique (le), II, 143; III, 526.
Mavors, IV, 461.
Mécène, I, 2; II, 41; III, 41; IV, 2.
Mèdes (les), II, 134, 136.
Médie (la), II, 126.
Médique, adj., I, 215; IV, 211.
Melampus, III, 550.
Mélicerte, I, 437.
Mella (le), IV, 278.
Ménale (le), I, 17.
Méonien, adj., IV, 379.
Méotide (onde), III, 349.
Mère (la) [des Dieux], (déesse), IV, 64.
Méthymne, II, 90.

Milésien, adj., III, 306; IV, 334.
Mincio (le), III, 15.
Minerve, I, 18; IV, 246.
Molorque, III, 19.
Molosse, III, 405.
Muse (la), II, 475; III, 2; IV, 315.
Mycènes, III, 121.
Mysie (la), I, 102; IV, 369.

N

Napées (nymphes), IV, 534.
Naryce (la poix de), II, 438.
Neptune, I, 14; III, 122; IV, 29; 386; 393.
Nérée, IV, 391.
Nil (le), III, 29; IV, 288.
Niphate, III, 30.
Nisus, I, 404, 408.
Norique (le), III, 474.
Notus (le), I, 444.

O

Océan (l'), I, 246; II, 122, 481; III, 359; IV, 233; 380; 381.
Océanides (les), IV, 340.
Œagrius, IV, 523.
Œbalus, IV, 125.
Olympe (l'), I, 96; 282; 450; III, 223; IV, 561.
Olympique, adj., III, 49.
Opis, IV, 342.
Orcus, I, 277; IV, 501.
Orient (l'), I, 250.
Orithyie, IV, 462.
Orphée, IV, 453; 493; 544, 552.
Ossa (le mont), I, 281; 282.

P

Paestum, IV, 119.
Paix (la), II, 425.
Palatium (le), I, 499.
Palès, III, 1, 294.
Palladien, adj., II, 181.
Pallène, IV, 391.
Pan, I, 17; II, 494; III, 392.
Panchaïe (la), II, 139; IV, 379.
Pangée (le), IV, 461.
Panopée, I, 437.
Paphos, II, 64.
Parnasse (le), III, 291.
Parnassien, adj., II, 18.
Parthénope, IV, 563.
Parthes (les), III, 31; IV, 211; 314.
Péléthronium (le), III, 115.
Pélion (le), I, 281; III, 94.
Pella, IV, 287.
Pélops, III, 7.
Péluse, I, 228.
Pénée (le), IV, 354.
Pénéien, adj., IV, 317.
Perse (la), IV, 290.
Peur (la), III, 552.
Phanée, II, 98.
Phébé, I, 431.
Philippes, I, 490.
Phillyrides, III, 550.
Philomèle, IV, 510.
Pholus, II, 456.
Phrygien, adj., IV, 41.
Phyllodocé, IV, 336.
Pise, III, 180.
Pléiades (les), I, 138; IV, 233.
Pô (le), II, 452.
Pollux, III, 89.
Pont (le), I, 58; 207.
Potniades (les), III, 268.
Priape, IV, 111.
Procné, IV, 15.
Proserpine, I, 39; IV, 487.
Protée, IV, 388; 421; 428; 446; 527.
Psithie. IV, 269.

Q

Quirinus, III, 27,
Quirites (les), IV, 201.

R

Rémus, II, 533.
Rétique (le), II, 96.
Rhésus, IV, 461.
Rhétus, II, 456.
Rhodes, II, 102.

Rhodope (le), I, 332; III, 351; IV, 460, 462.
Rome, I, 466; II, 534.
Romain, I, 490, 499; II, 148; 172; 176; 498; III, 148; 346.
Romulus, I, 498.

S

Sabéens, I, 57; II, 117.
Sabellique, adj., III, 255.
Sabellus, II, 187.
Sabin, adj., II, 532.
Sarra, II, 506.
Saturne, I, 336; II, 406; 538; III, 93.
Saturne (terre le), II, 173.
Scipions (les), II, 170.
Scorpion (le), I, 35.
Scylla, I, 405.
Scythie (la), I, 240; III, 197; 349.
Sères, II, 121.
Sicyone, II, 519.
Sila, III, 219.
Silare, III, 146.
Silvain, I, 20; II, 494.
Sirius, IV, 425.
Soleil (le), II, 321; III, 357.
Sparte, III, 405.
Sperchéos (le), II, 487.
Strymon (le), I, 120; IV, 507.
Stygien, adj., IV, 505.
Styx (le), I, 243; III, 551; IV, 479.
Syrien, adj., II, 88.

T

Taburne (le), II, 38.
Tanagre (le), III, 151.
Tanaïs (le), IV, 516.
Tarente, II, 197.
Tartare (le), I, 36; II, 292; IV, 481.
Taureau (le), I, 211.
Taygète (le), II, 488; III, 44; IV, 232.
Tegée, I, 18.
Tempé, II, 469; IV, 317.
Tenare (le), IV, 466.
Terre (la), I, 278.
Téthys, I, 31.
Thase, II, 91.
Thésides (les), II, 383.
Thétis, I, 399.
Thulé, I, 30.
Thymbréen, adj., IV, 323.
Tibre (le), I, 499; IV, 368.
Timave, III, 475.
Timave, III, 475.
Tisiphone, III, 552.
Tithon, I, 447; III, 48.
Tityre, IV, 565.
Tmolus (le), I, 56; II, 98.
Toscan, adj., I, 499.
Troie, I, 502; II, 385; III, 36.
Tros, III, 36.
Typhée, I, 279.
Tyrien, III, 17; 307.
Tyrrhénien, II, 164; 193.

V

Vénus, II, 329; III, 64; 97; 137; 210; 267; IV, 199; 515.
Vesper, I, 251.
Vesta, I, 498; IV, 383.
Vésuve (le), II, 224.
Virgile, IV, 562.
Volsques (les), II, 168.
Vulcain, I, 295; IV, 345.

X

Xantho, IV, 336.

Z

Zéphyr (le), I, 44; 371; II, 106, 330; III, 134; IV, 138, 305.

TABLE DES MATIÈRES

INTRODUCTION 11

Les Bucoliques 29

Les Géorgiques 93

Appendices :

I. — Pollion 175

II. — L'enfant mystérieux de la IVe églogue . . 176

III. — Gallus 178

IV. — Note sur la chronologie des *Bucoliques* . . 180

Notes sur *les Bucoliques* 181

Notes sur *les Géorgiques* 207

Index des noms cités dans *les Bucoliques* 245

Index des noms cités dans *les Géorgiques* 248

GF — TEXTE INTÉGRAL — GF

4713-VIII-1988. — Imp. Bussière, St-Amand (Cher).
N° d'édition 11660. — 1er trimestre 1967. — Printed in France.